AF315446

Le Château de Saint-Lo (Manche)

ET SES CAPITAINES-GOUVERNEURS

PRÉLIMINAIRE

Cette présente étude eut dû trouver sa place naturelle en tête de notre Mémoire sur *Les Capitaines et Gouverneurs de Saint-Lo pendant la Guerre de Cent-Ans* (1). Ici elle n'a donc pas son véritable rang et l'on pourra nous rappeler l'adage qu'on ne doit jamais atteler la charrue avant les bœufs. Qu'on veuille bien nous pardonner cette irrégularité. Elle provient de ce que, tout d'abord, nous n'avions pas pensé à jamais revenir sur ce même sujet de la citadelle de Saint-Lo, ni à étendre les premières limites que nous nous étions tracées.

Mais nous avons découvert une telle quantité de documents sur ce même thème que nous nous sommes laissé entraîner à l'approfondir et à reconstituer l'ensemble général de la vaillante forteresse, depuis ses origines jusqu'à sa fin dernière.

Le sujet nous a charmé par son puissant intérêt, par ses nombreuses et dramatiques surprises, par une variété extraordinaire d'événements inconnus qui nous permettront de faire revivre beaucoup de noms oubliés et qui pourtant eurent du retentissement dans notre belle Normandie.

Que nos chers Collègues nous permettent donc aujourd'hui de leur présenter l'historique sommaire de leur vieux château-fort, longtemps considéré comme inaccessible et inexpugnable.

---

(1) Mémoires de la Société d'Archéologie et d'Histoire naturelle du département de la Manche, année 1901, p. 3 et suivantes.

1

Nous leur dirons ensuite ce qu'en furent les nombreux défenseurs qui succédèrent à ceux que nous leur avons déjà fait connaître et qui y déployèrent leurs héroïques qualités appuyées souvent de vertus civiques incomparables.

Hippolyte SAUVAGE.

PREMIÈRE PARTIE

LE CHATEAU-FORT

§ 1er. — ORIGINES ET PREMIÈRE PÉRIODE.

Défenses en Bois et Palissades

Tous les historiens de la ville de Saint-Lo, qui se sont répétés avec un constant ensemble, reportent ses origines au temps de Charlemagne, qui dût y faire construire un Château-Fort ou *Castrum*, afin d'y opposer une résistance sérieuse aux invasions des pirates Danois et autres barbares venus du Nord.

Effectivement on apprend dans les très anciennes chroniques que ce souverain aux puissantes conceptions choisit partout de préférence les lieux d'où ses forces militaires pouvaient commander les passages, intercepter les communications, diviser les corps d'armée, protéger un territoire, surveiller le cours des fleuves ou le littoral de la mer.

A Saint-Lo, il établit sa forteresse sur un roc inexpugnable et fort élevé, situé sur la rive droite de la *Vire*, qui avait une certaine importance. Le sol de cette contrée plantureuse et fertile pouvait tenter toutes les convoitises : il s'agissait de le défendre.

Bientôt une longue enceinte, entourée de palissades en bois eut circonscrit la partie la plus considérable et la plus forte du roc. Et au centre, on établit une large retraite pour les combattants armés. Celle-ci fut formée de vigoureuses pièces de charpentes capables d'offrir une énergique résistance, et le *Castrum* exista. Une bordure de fraîches et verdoyantes collines encadra ce tableau d'un caractère tout pittoresque.

Aussi, vers la fin du ixᵉ siècle, quand les premiers Normands se présentèrent pour en faire le siège, ces primitifs retranchements leur opposèrent une résistance qu'ils ne purent vaincre.

Pour bien préciser, ce fut vers l'année 889 que s'accomplit cet événement.

Cependant vingt années plus tard de nouvelles bandes de leurs peuplades se représentèrent devant cette même enceinte.

Rollon, l'un de leurs chefs, dans les premières années du xᵉ siècle, dut user de subterfuge pour vaincre ceux que la force de ses armes n'avait pu soumettre. Il fit couper l'aqueduc qui portait les eaux dans la forteresse, et, peu de jours après, la garnison dut capituler.

Ce fut alors, selon la tradition, car l'existence de Rollon est presqu'absolument légendaire, que les envahisseurs devenus maîtres de la place violèrent la capitulation en égorgeant l'Évêque de Coutances et les habitants de Saint-Lo, auxquels ils avaient promis la vie (1).

Les fortifications furent démolies peu après à ras du sol : *castrum solo coæquatum est* (2).

La durée des fortifications en bois avait été relativement fort courte ; à peine d'un siècle ou deux. Il était évident que sous le climat corrosif de la vieille Gaule le bois ne pouvait présenter qu'une résistance fort incertaine et secondaire. Malgré ses immenses forêts elle n'eut pu longtemps fournir à l'entretien des citadelles qu'il fallait édifier de tous les côtés. De plus, la province Normande par la vaste étendue de ses côtes maritimes et de sa température constamment humide se trouvait dans une situation particulièrement défavorable.

---

(1) Reginon, abbé de Prum. *Chronicon.*
(2) Dumoulin. *Gesta Normannorum.*

Les magnifiques travaux de MM. De Caumont (1) et Viollet-le-Duc (2), qui font autorité, ont démontré de la façon la plus probante que nos premières forteresses féodales carlovingiennes furent partout en bois, et qu'au xie siècle, spécialement en Normandie, elles furent remplacées par des donjons carrés ou rectangulaires, mais toujours en pierres.

§ 2e. — Deuxième Période.

Le Donjon

D'après Piganiol de la Force (3) et Toustain de Billy (4), ce furent Robert Ier (1025-1048), ou plutôt Geoffroy-de-Montbray (1049-1094), évêques de Coutances, qui firent construire un nouveau château-fort à Saint-Lo. Cependant la plus grande partie des historiens reporte cet honneur à Henri, l'un des fils de Guillaume le Conquérant. Ceux-ci précisent même la date de 1090 pour cette réédification, qui plus exactement doit être celle de 1096.

Ces deux sentiments, selon nous, ne doivent susciter aucune divergence.

En fait, le prince Henri était devenu le suzerain de la Normandie, par suite du traité de cession que lui en avait fait son frère aîné, Robert Courteheuze, en 1096. A ce titre, il était tenu de la défense militaire de la province et naturellement il dut faire appel pour cette entreprise à ses vassaux. Or, les évêques de Coutances possédaient en fief propre le territoire de Saint-Lo depuis déjà plusieurs siècles. Ils avaient

---

(1) De Caumont. Histoire de l'Art dans l'Ouest de la France. 1831-40.

(2) Viollet-le-Duc. Dict. de l'Architecture française. 1853-68.

(3) Piganiol de la Force. Nouvelle description de la France. 1754. t. IX, p. 375.

(4) Toustain de Billy. Mémoires sur l'Histoire du Cotentin. Saint-Lo, 1864.

donc tout intérêt à le voir pourvu des forces nécessaires pour sa défense. D'ailleurs, ils ne pouvaient pas se soustraire aux devoirs féodaux qui leur étaient imposés : ils y apportèrent leur entier concours. Seulement ce ne furent évidemment ni Robert Ier, ni Geoffroy de Montbray qui purent le faire, puisqu'ils étaient morts, l'un en 1048, l'autre en 1094, et ce fut Raoul, évêque de Coutances, leur successeur, depuis 1094 à 1110, qui put agir utilement à leur place.

A cette époque, l'architecture des forteresses normandes ne fut plus celle des enceintes formées de palissades et de défenses de bois. Elle comporta, comme tous les châteaux des XIe et XIIe siécles, un donjon carré ou rectangulaire, entouré d'un cordon de murailles crénelées avec boulevards, reliant entre elles quelques tours et quelques ouvrages d'une certaine importance. Le tout était rendu inaccessible par des fossés profonds, remplis d'eau, et creusés autour de l'escarpement. Enfin, dans ces enceintes étaient ménagées des cours et des bâtiments destinés même aux services intérieurs, avec même des écuries et des salles de provisions.

Nous connaissons encore divers châteaux de cette époque. Ils nous permettent de dire ce que devait être celui de Saint-Lo rétabli ainsi aux premières années du XIIe siècle. Tels paraissent avoir été ceux du Pin (Calvados), de Saint-Laurent-sur-Mer, de Nogent-le-Rotrou (Eure-et-Loir), de Domfront, de Falaise, de Chamboy (Orne), et encore celui de Mortain, où l'on voit les assises d'un donjon carré ; enfin, celui de Vire. Tous étaient la sauvegarde des villes bâties sous leurs murs.

Ces dispositions pouvaient donc permettre aux habitants de la contrée, lorsque survenaient des invasions étrangères ou des soulèvements nationaux, de se réfugier dans le donjon. Seulement, dans un espace aussi restreint, avec des hommes mal préparés à combattre, les provisions qui ne pouvaient jamais être très considérables, se trouvaient bientôt épuisées au bout de quelques semaines, souvent même de quelques jours, et il fallait nécessairement se rendre à discrétion.

C'est dans de telles conditions, qu'en 1141, le château de Saint-Lo dut se rendre à Geoffroy Plantagenet, comte d'Anjou, lors de sa lutte contre Etienne de Blois, pour la possession de la couronne d'Angleterre. Après trois jours de siège, l'évêque de Coutances, Algare, qui était enfermé dans le château, *bien fortifié et muny,* d'après Dumoulin (1), donna l'ordre d'en ouvrir les portes.

Il n'en fut plus ainsi, er 1203, lorsque Philippe-Auguste eut confisqué la Normandie sur le roi Jean-sans-Terre. Les défenseurs du château de Saint-Lo, dévoués à la France, n'attendirent pas la capitulation de la place de Caen pour se soumettre ; ils rendirent leur château au roi Philippe, sans résistance aucune, sans même en recevoir la sommation, *sponte suâ* (2).

Un siècle de paix et de tranquillité, qui suivit cette conquête de la Normandie, provoqua dans la ville de Saint-Lo une ère de prospérité. D'après Froissart (3), sa population s'éleva presqu'à 9.000 habitants et *l'on y put compter une quantité de bourgeois enrichis par une grosse manufacture de draperies.*

§ 3ᵉ. — Troisième Période.

Au temps du canon et de l'artillerie

Mais bientôt l'invention de l'artillerie à feu vint détruire à tout jamais l'importance politique des châteaux féodaux et l'économie du système de leur défense : ce fut une véritable révolution dans l'art militaire. Aussi la forteresse de Saint-Lo

(1) Dumoulin. Histoire générale de Normandie.
(2) Guill. Britonis. Philippidos, lib. VIII. — Aristide Guilbert, histoire des villes de France.
(3) Froissard. Les Chroniques de la France.

ne put-elle présenter de résistance sér'euse lors de la première invasion anglaise.

La vieille forteresse devait toujours subsister. Cependant tout porte à croire que pour en empêcher les approches on avait dû établir des avant-postes, garnis de glacis et de gazonnements, afin de tenir en respect et à une certaine distance les batteries d'artillerie et amortir les coups portés par les boulets de canon.

En 1346, Edouard III, roi d'Angleterre, après avoir débarqué à La Hougue, et avoir pris Barfleur et brulé Carentan, s'était hâté de marcher sur Saint-Lo, qu'il savait insuffisamment fortifié. Il occupa donc le château fort sans grande difficulté. Puis il pilla la ville de fond en comble, en y faisant un énorme butin consistant surtout en pièces de drap.

Dix ans plus tard, les bandes de Geoffroy d'Harcourt, se répandant dans la contrée, vinrent y jeter la désolation et l'épouvante (1356).

Peu après, en 1364, les défenseurs de la forteresse eurent à repousser l'attaque d'un parti de Bretons que Jean de Montfort avait lancé contre eux dans l'intention de les surprendre.

Ce prince était alors en lutte avec Charles de Blois, au sujet de la couronne ducale de Bretagne. Croyant que son adversaire avait trouvé des auxiliaires jusqu'à Saint-Lo, il voulut les venir attaquer; mais ceux-ci taillèrent ses bandes en pièces et les anéantirent dans un des faubourgs de la ville.

Le roi Charles V s'attacha bientôt à relever l'importance militaire de notre château fort de Saint-Lo.

Vers la fin de son règne, il y assigna rendez-vous aux troupes qu'il destinait à réduire successivement toutes les forteresses normandes possédées par Charles-le-Mauvais, roi de Navarre (1377). Il fit donc de cette forteresse le centre de ses opérations.

Nous voyons ensuite que Duguesclin, ayant échoué devant
Cherbourg, en 1378, et voulant surveiller de près les Anglais,
maîtres d'une aussi forte position, mit des garnisons dans
toutes les places sûres du Cotentin, entre autres à Saint-Lo.

Enfin, quand, la même année, Charles V eut résolu d'éva-
cuer la presqu'ile, afin de pouvoir diriger une plus grande
masse de troupes vers Le Languedoc, les villes de Saint-Lo et
de Carentan furent les seules qu'il ordonna de ne point aban-
donner à la discrétion de l'ennemi. Au contraire, il eut à cœur
de les maintenir en état de suffisante défense.

Cependant, plus tard, lorsque les Anglais voulurent entreprendre la conquête de la Normandie, et qu'ils jetèrent des
troupes puissantes sur divers points de la province, qu'elles
parcoururent en tous sens, le château de Saint-Lo se vit forcé
de se préparer à de nouvelles luttes et de prévoir de sanglants
combats.

En effet, vers l'année 1417, la Normandie tout entière fut
envahie par les armées d'Henri V d'Angleterre, qui s'avan-
cèrent bientôt jusqu'aux limites extrêmes de la province.

Dans une précédente publication (1), nous avons déjà rappelé que le château de Saint-Lo, commandé alors par les
capitaines Jean Tesson et Guillaume Carbonnel, dut capituler
le 28 mars 1417, devant les injonctions du duc de Glocester.

Nous ne voulons pas revenir sur les divers épisodes de cette
lutte mémorable et funeste de la *Guerre de Cent-Ans*. Cependant nous devons faire rapidement observer que durant toute
la période, qui s'écoula depuis cette nouvelle invasion étrangère jusqu'en 1450, que la Normandie fut recouvrée par les
lieutenants du roi Charles VII, notre contrée fut continuellement en guerre.

____

(1) Voir les Mémoires de la Société d'Archéologie du Département de La Manche. t. XIX. H. Sauvage. Les Capitaines de
Saint-Lo pendant la Guerre de Cent Ans. p 21.

Une très succincte analyse nous permettra d'en rappeler quelques détails.

Ainsi, vers décembre 1432, Saint-Lo fut l'objectif d'un hardi coup de main que voulut tenter le duc d'Alençon, secondé par Raoul Tesson, pour reprendre cette forteresse. Le Comte d'Arundel fut lancé contre ces guerriers, afin de *s'opposer à la capitulation de Saint-Lo, alors en grand danger.* (1)

Tesson, mis au ban de la vindicte étrangère, fut proclamé *traître à la cause Anglaise et complice des Français.* (2)

Cette tentative sur Saint-Lo avait avorté; mais elle se renouvela bientôt. (3) D'après une missive de Hue Spencer, bailli du Cotentin, les forteresses de Caen, de Bayeux, de Neuilly-L'Evêque et de Saint-Lo devaient même être livrées par trahison au duc d'Alençon. (4)

Une capitulation du 15 septembre 1449 rendit enfin à la France la forteresse de Saint-Lo. La résistance de la garnison qui y était renfermée, au nombre de deux cents combattants, n'avait été que de trois jours seulement.

Aux premières années du règne de Louis XI, lorsqu'éclata cette guerre des grands vassaux contre l'autorité royale, à laquelle on a donné le nom de *Guerre du Bien Public*, Saint-Lo trouva l'occasion de témoigner ses sentiments. Selon l'expression de Toustain de Billy (5), « *la fidélité de ses habitants envers leur souverain, et leur adresse parurent entières* ».

Or, d'après cet auteur, voici ce qui arriva :

(1) Archives nationales. J J. 175. n° 284.
(2) Bibliothèque nationale. Manuscrits français. P. LXV. n° 1983.
(3) Les capitaines de Saint-Lo. Déjà cité. p. 30.
(4) Chronique du Mont-Saint-Michel, éditée par S. Luce. t. 2, p. 26.
(5) Mémoires sur le Cotentin. Ed. par la Société de Saint-Lo, p. 57.

Une partie de l'armée du duc de Bretagne étant venue assiéger le château de Saint-Lo, on feignit de lui disputer la porte située du côté de l'Hôpital, porte qui donnait accès à la rue Torteron. Les Bretons se jetèrent étourdiement dans le piège qui leur était tendu et se précipitèrent en foule vers ce passage qu'ils pensèrent avoir forcé victorieusement. Ils se crurent alors maîtres de la place et poussèrent les cris de triomphe : « *ville gagnée* ».

On ferma aussitôt cette porte, ainsi que celle qui se trouvait au bout de la rue et qui était occupée par les soldats bien armés de la garnison.

Les Bretons se trouvèrent ainsi pris entre deux feux, de telle sorte que très peu d'entre eux purent échapper à la mort ou furent faits prisonniers. Leur capitaine fut pris et décapité, d'après le témoignage d'une enquête qui eut lieu plus tard, en 1551.

Ce même récit nous a été narré également par le chevalier Houël (1). Seulement cet historien nous a laissé ignorer les sources aux quelles il avait puisé ses indications. De plus, en donnant à ce fait la date de 1450, il a commis une erreur évidente, parce qu'il appartient à l'année 1465. Enfin Houël, en désignant le capitaine qui dirigea cette démonstration sous le titre de duc de Bretagne, a laissé voir qu'il n'a pas su reconnaître qu'il avait affaire à un aventurier.

§ 4. — Hôtes célèbres et Royaux.

En 1470, le roi Louis XI assigna les deux châteaux de Valognes et de Saint-Lo pour résidence au fameux Richard, comte de Warwick, surnommé *Le Faiseur de Rois*, et au duc Georges de Clarence, frère du roi Edouard IV d'Angleterre. Ces

(1) Histoire de la ville de Saint-Lo. 1825, p. 47 et 48.

deux personnages étaient fugitifs et expatriés. Ils étaient venus chercher un asile auprès du roi de France, à la suite de graves évènements qui forment l'un des plus palpitants des luttes de la *Guerre des Deux Roses*. Warwick, après avoir élevé Edouard jusqu'au trône, avait voulu l'en précipiter au profit du duc de Clarence.

Leur séjour en France fut de courte durée, à peine de quelques mois. Bientôt Warwick ayant fait appel au parti de Lancastre, parvint à former une armée de 60.000 hommes. Vainqueur à Nottingham, il proclama roi Henri VI, qu'il tira de la tour de Londres. Mais, l'année suivante (1471), Edouard IV, à la tête d'une armée formidable, battit à son tour Henri, à Barnet, où Warwick trouva la mort sur le champ de la bataille.

Assez peu d'années après, le roi Charles VIII, au retour de sa campagne de Bretagne, dans laquelle il avait été fait prisonnier, à la journée de Saint-Aubin-du-Cormier, le 26 juillet 1488, vint passer une partie de l'hiver en Normandie. Il se rendit à Saint-Lo, après avoir accompli un pèlerinage au Mont Saint-Michel. Son séjour dut alors s'y accomplir en 1489, et non en 1487, comme l'a cru Aristide Guilbert. (1)

A son tour, François Ier honora également Saint-Lo de sa présence, en 1553. Son séjour y fut de deux jours entiers : il se rendait, en ce moment, aux Etats de Bretagne, qui, dans une séance mémorable, tenue sous sa présidence, décidèrent que leur riche province demeurerait unie désormais à la couronne de France.

Le roi fut reçu dans cette ville avec toute la magnificence dont les habitants *étaient capables*, selon l'expression de Toustain de Billy. (2) Il y fit son entrée le dimanche 15 avril

---

(1) Histoire des villes de France. Article Saint-Lo.
(2) Toustain de Billy. Ville de Saint-Lo, p. 66.

1533 (1), et, le dimanche suivant, 21 avril, il se trouvait à Coutances, et, à Cherbourg le 28 du même mois (2).

Grâce à toute l'aimable bienveillance de notre vénéré Président, M. Lepingard, qui nous l'a signalée, nous avons pu connaître la description solennelle que fit à Saint-Lo François Ier, auquel l'histoire a décerné le surnom glorieux de *Restaurateur des Belles-Lettres*. C'est un document de toute première valeur pour notre ville. Il a été publié en 1868, dans le tome 3 des mémoires de notre chère Société.

Il révèle, en effet, les noms de la plus grande partie des personnages qui constituaient le cortège du Souverain, de son fils aîné, le Dauphin, et de ceux qui présidaient à leur brillante réception, à l'entrée de la ville, pour lui en présenter les clés. Rien n'y est laissé dans l'ombre et ce document a le caractère de la plus parfaite authenticité, puisqu'il provient des anciens registres de l'Hôtel-de-Ville de Saint-Lo.

En outre, il nous persuade de la façon la plus absolue que le Roi et le Dauphin durent habiter dans le château même de Saint-Lo, avec la plus grande partie de leur nombreux cortège, entre lesquels on remarquait le révérendissime cardinal de Lorraine, le duc de Vendôme, M. de Nemours, M. de Nevers, le maréchal de Rothelin, M. de Longueville et bien d'autres encore. Il avait dû en être de même pour Charles VIII, en 1488. Nulle maison dans cette localité ne devait présenter les mêmes garanties de sécurité que la forteresse, dont les dépendances étaient considérables, puisqu'elles pouvaient contenir jusqu'à deux cents hommes.

----

(1) Le procès-verbal de cette entrée de François Ier reporte cet événement à l'année 1532, mais comme à cette époque l'année commençait à Pâques, ce doit être en 1533 qu'il s'accomplit. Une inscription gravée sur le larmier d'une maison de la paroisse de Huberville, au canton de Valognes, et à 4 kilomètres de cette ville, rectifie parfaitement cette divergence.

> L'an mil cinq cent et trente trois
> Par cy passa le Roy François.

(2) Toustain de Billy. Ville de Saint-Lo, p. 66.

A nos yeux, il est inadmissible que les chefs de l'Etat aient jamais pu, à Saint-Lo, être hébergés dans une maison particulière, fut elle nommée La Vaucelle, comme l'a prétendu Toustain de Billy (1) à propos des rois Edouard d'Angleterre, François Ier et Charles IX.

Cet auteur n'a appuyé son dire que sur une tradition légendaire qui ne repose sur rien de sérieux. Bien au contraire, Monstrelet, qui fut le continuateur de la célèbre « Chronique de Froissard, » mort en 1402, a dit ceci à propos d'Edouard d'Angleterre :

« *Si chevaucha le dit Roy en telle manière que je vous*
« *dis, ardant et exilant le pays (2) ; et ne tourna point vers*
« *la cité de Coustances, ains s'en alla par devers la grosse*
« *ville de Saint-Lou, en Costentin, qui valloit trois fois*
« *autant que la cité de Coustances. Si envoya ses gens*
« *devant (la forteresse) et fut tantôt la ville prinse, et*
« *courue à peu de fait, et robée par tout. Puis se meirent*
« *les Anglois à chemin devers Caen. Quand le Roy d'An-*
« *gleterre fut venu assez près, il se logea dehors, et ne*
« *voulut oncques loger en la ville, pour le doute du feu* (*) ».

Ainsi de cette narration, qui est très précise, il résulte que le roi Edouard III s'était présenté en personne devant Saint-Lo, en 1346. Mais comme son approche avait été précédée de violentes et innombrables dévastations, qu'il avait porté partout l'incendie (*ardant*) et les massacres, et qu'il devait redouter la réciprocité de ces mesures, il dut, par prudence, prendre de grandes précautions. Avant donc de rien engager de décisif contre la place assiégée, il resta sous sa tente, c'est-à-dire *dehors*, en plein ciel ouvert, ne voulant jamais *loger* en *la ville*.

---

(1) Toustain de Billy. Ville de Saint-Lo, p. 66.
(2) *Ardant* signifie *brûlant* et *incendiant*. — *Exilant* veut dire *chassant* et *expulsant*.

(*) Monstrelet met ici le doigt sur ce fait en indiquant qu'il craignait les représailles.

Il nous est ainsi démontré de la façon la plus positive, par les contemporains, que La Vaucelle ne put servir d'asile au roi d'Angleterre. Il suffisait à Toustain de Billy de lire d'un œil attentif pour éviter toute équivoque et toute interprétation différente.

Sa version est d'autant moins vraisemblable que bien probablement l'édification de La Vaucelle, qui fut une splendide habitation, ne fut exécutée par la famille Boucard, qu'au xv⁰ siècle. Pierre Boucard, sieur du Mesnil-Amey et Richard Boucard, sieur de La Vaucelle, furent reconnus nobles par Raymond Montfort, en 1463 ; ces deux seigneurs, qui étaient fort riches, eurent encore un autre frère, Jean Boucard, évêque d'Avranches, de 1453 à 1484. Ce fut positivement ce prélat qui bâtit, orna et dota la chapelle très connue de La Vaucelle, dédiée à Sainte Pétronille, pour la quelle les populations avaient une dévotion toute particulière (1). Jean Boucard fit sa résidence à La Vaucelle, qui fut un très beau palais épiscopal.

Il est très admissible dès lors que Charles IX ait pu, avec sa mère, la reine Catherine de Médicis, occuper à La Vaucelle une pièce que l'on y désignait, paraît-il, sous le nom de *Chambre du Roi*. Au temps de Toustain de Billy elle n'existait plus ; il ne l'a jamais vue.

Quant à cette dernière visite de Charles IX, à Saint-Lo, elle est de l'année 1562, année dans la quelle la régente voulut faire connaître la Normandie à son fils, en l'y accompagnant.

Les séjours de ces rois Charles VIII, François I⁰ʳ et Charles IX, qu'ils se soient accomplis dans le château ou dans la ville de Saint-Lo, y furent, à n'en pas douter, l'occasion de fêtes et de grandes réunions.

---

(1) Toustain de Billy. Ville de Saint-Lo, p. 59.

§ 4. — Quatrième Période.

Les Guerres de Religion.

Mais bientôt Saint-Lo et sa forteresse si renommée allaient attirer les regards et les convoitises des partisans de la Réforme, qui, au xvıᵉ siècle, provoquèrent dans toute la Chrétienté une révolution religieuse, qui sépara de l'église romaine une grande partie de l'Europe.

La lutte entre les partis fut tellement ardente à Saint-Lo, que, dans l'intervalle d'une quinzaine d'années, on vit le château, qui en était l'enjeu, passer tour à tour cinq ou six fois aux mains de chacun des adversaires.

Loin de la surveillance des Evêques de Coutances, aux quels depuis les origines de la féodalité appartenait la seigneurie temporelle de la cité, beaucoup de ses habitants s'étaient laissé séduire par les propagateurs des doctrines de Luther et de Calvin. Encouragés par les succès d'un ancien religieux apostat, nommé Soler, ils établirent des prêches publics à Saint-Lo.

Dès 1560, les protestants se trouvèrent même assez forts pour se saisir ouvertement du château et s'y établir. Au mois de mai de cette année, ils mirent « à feu et à sac les « églises de cette ville, ainsi que les maisons de leurs princi-« paux adversaires. Partout ils brûlèrent les images, brisèrent « les croix, dérobèrent l'argenterie du culte, profanèrent les « vases sacrés et les incendièrent. Ils allèrent jusqu'à incen-« dier une bibliothèque précieuse formée par l'évêque Bou-« cart. » Aucune résistance des catholiques ne leur fut opposée.

Egalement ils travaillèrent avec ardeur à restaurer les fortifications de la citadelle, dans le but ostensible d'en faire l'un des boulevards du protestantisme dans le Cotentin et même dans toute la Normandie. Au surplus, ils se sentaient puissamment encouragés par l'amiral De Coligny, sur le quel la reine Catherine de Médicis se reposait, d'un autre côté, du soin d'apaiser les troubles de la Province.

Dès que Montgommery eut connaissance des désordres que nous venons de décrire, il se hâta d'accourir à Saint-Lo et de s'y fortifier dans le château, avec le projet de se rendre bientôt maître du Cotentin tout entier (1).

Mais Matignon, l'un des chefs catholiques normands, se mit, peu de semaines après, en devoir de recouvrer la forteresse, avec l'aide du duc d'Etampes, accouru à la tête d'une armée venue de Bretagne.

Montgommery voyant que les forces dont il disposait étaient insuffisantes pour résister préféra se retirer, se réservant pour une occasion meilleure, plutôt que d'affronter un siège dont il prévoyait l'issue fatale (2).

Ceci se passait vers la fin de l'année 1561.

A peine une année plus tard, les protestants rentraient dans la place, toujours sous l'égide de Montgommery (1563).'

Puis deux édits de pacification replacèrent successivement Saint-Lo et son château sous l'obéissance du Roi (1563-1574).

Nous nous réservons à donner, dans divers chapitres distincts, et sous les noms des Capitaines-gouverneurs de la citadelle à expliquer avec détails les alternatives dramatiques de cette époque mouvementée.

* *
*

Matignon, qui commandait la Basse-Normandie, sut prévenir à Saint-Lo, comme dans toutes les autres parties de son gouvernement, par la promptitude et l'énergie de ses mesures,

---

(1) Toustain de Billy. Ville de Saint-Lo, p. 82.
(2) Toustain de Billy. La ville de Saint-Lo, p. 82.

le contre-coup des massacres de la Saint-Barthélémy (24 septembre 1572). Montgommery et Colombières, son gendre, qui étaient à Paris, à ce moment, y avaient échappé.

Cependant, deux années après, faute de soldats, Matignon ne put défendre Saint-Lo, non plus que Carentan, Domfront et Valognes contre Montgommery, descendu à La Hougue, avec 6.000 hommes de troupes Anglaises et Françaises.

Celui-ci s'empara donc encore de Saint-Lo, le 2 mars 1574, presque sans effort. Il s'y enferma avec 2.000 soldats.

Dans cette occurrence, Matignon jugea prudent de diriger d'abord ses efforts sur Granville et Cherbourg, qui, à ses yeux, avaient une importance capitale, parce que ces deux ports de mer pouvaient fournir de puissants subsides à son adversaire.

Puis, ayant réuni quelques troupes, il ordonna à de Villiers-Emmery, l'un de ses maréchaux de camp, de se porter sur Isigny, comme si son projet était d'investir lui-même Carentan. C'était un piège qu'il tendait à son ennemi.

Ne soupçonnant pas le traquenard, Montgommery détacha aussitôt 500 hommes de la garnison de Saint-Lo, afin de couvrir la place menacée : il affaiblissait ainsi sa propre défense.

Pendant ce temps, de Villiers prévoyant cette opération, revenait en toute hâte sur ses pas et allait camper devant Saint-Lo, sur les rives de la Vire. Fervaques et un autre maréchal de camp, avertis des intentions de leur chef, arrivèrent d'un autre côté.

Enfin, Matignon, arrêté dans sa marche par l'artillerie qu'il amenait avec lui, se présenta le dernier devant Saint-Lo.

Montgommery comprit alors que le corps principal, c'est-à-dire le gros de l'armée catholique ne se ferait pas attendre. Il comprit sans peine qu'il allait être bloqué de toutes parts et qu'un échec décisif et très grave pour son parti lui serait inévitablement imposé. A tout prix il lui fallait éviter de se laisser enfermer ainsi entre quatre murs, dès le début de la campagne ; et pendant une nuit sombre il s'échappa.

Prenant aussitôt avec lui 600 chevaux, trois régiment d'infanterie et six canons, sous la direction de Fervaques, Matignon se jeta sur la route de Domfront, où Montgommery venait de se réfugier.

On sait le reste :

De Villiers eut la mission de presser vigoureusement Colombières enfermé dans Saint-Lo. Le siège de la ville et de la citadelle traîna en longueur jusqu'au moment où Matignon eut forcé Montgommery de capituler à Domfront et fut revenu sur les bords de la Vire.

Perdant bientôt tout espoir de recouvrer Saint-Lo par composition, il ouvrit alors un feu terrible contre la place. La bravoure enthousiaste de Colombières y avait gagné jusqu'aux femmes. On les voyait, le jour, mêlées aux soldats de la garnison, les accompagnant dans leurs fréquentes sorties, ou combattre et secourir les blessés sur les remparts. La nuit était occupée à réparer les brèches faites par l'artillerie des catholiques qui n'avaient pas moins de 20 pièces de canon et 4 couleuvrines.

Enfin, dans les premiers jours de juin, le feu des assiégeants poussé avec une incessante furie réussit à faire aux murs une large brèche entre les tours de La Rose et du Beauregard(1). Les troupes tentèrent alors l'assaut et furent neuf fois repoussées.

La mort du vaillant Colombières, que nous raconterons plus tard à l'article que nous lui destinons, abattit naturellement l'espoir des assiégès. Après avoir jusque là déployé un courage indomptable, ils ne songèrent plus qu'à fuir. (2)

---

(1) D'après Houël, la tour de la Rose était au Nord-Ouest de la citadelle, et celle de Beauregard au Sud-Ouest. Situées du côté de la *Vire*, elles formaient les deux points extrêmes de la forteresse. Elles existent encore en partie.

(2) Toustain de Billy. Saint-Lo. p. 98.

Et le flot des assaillants montant toujours « par l'endroit le plus escarpé, en face de l'Hôpital » la brèche fut emportée de vive force, aprés trois nouveaux assauts, le 10 juin 1574, jour de la fête du Saint-Sacrement. Le siège avait duré six semaines entières.

Les vainqueurs se répandirent alors, dit-on, dans la ville et se livrèrent à toutes les horreurs du pillage et des représailles.

Du côté des assiégés il y eut, paraît-il, 300 victimes. Les catholiques perdirent 60 des leurs; ils eurent une égale quantité de blessés. Le capitaine Hiberneau, qui avait laissé Montgommery s'échapper de Saint-Lo, et Sacy, furent du nombre des premiers. De Lavardin, de Villiers-Emmery et le capitaine Hette comptèrent parmi les seconds. .

A dessein, nous avons cru devoir entrer dans d'assez nombreux détails sur ce dernier siège qui fut le plus important que soutint jamais le château de Saint-Lo. Il fût, du reste, le dernier dont nous ayons connaissance. Observons également que s'il se prolongea pendant six semaines c'est parce qu'évidemment les assiégeants furent ravitaillés du dehors, qu'ils ne furent pas complètement investis et qu'ils eurent toujours des connivences avec l'extérieur.

Si nous avions voulu décrire les moindres circonstances de ce fait d'armes, cela nous eut été facile, car les chroniqueurs du temps se sont multipliés pour les narrer. Au surplus nous pourrons en reproduire quelques dires, quand nous reviendrons plus tard à Colombières et à Matignon.

Après la chute de Saint-Lo, où Matignon séjourna une semaine pour y faire traiter les blessés, reposer son armée et réparer les démolitions faites aux murailles. Puis il partit pour Carentan, afin d'en faire le siège. Après un simulacre de défense, la place se rendit le 28 juin.

Dès lors la paix fut rendue à la Basse-Normandie..

§ 5. — Cinquième Période

La Baronnie de Saint-Lo

Matignon reçut de la Cour l'ordre de démanteler le château et la ville de Saint-Lo : il ne crut pas devoir le faire.

Au contraire, parce qu'il regardait comme indispensable d'entretenir une garnison dans le château (1), il fit exécuter presqu'immédiatement aux portes et aux murailles les opérations qu'il jugea les plus urgentes.

Puis, profitant bientôt des ressentiments qu'Arthur de Cossé, évêque de Coutances, avait conservé contre Saint-Lo, qui, en 1562, avait été témoin des violences et des humiliations que les sectaires Réformistes lui avaient imposées, en privant ces prédécesseurs depuis une trentaine d'années déjà des revenus de Saint-Lo, et en lui infligeant à lui-même les plus odieux outrages, Matignon, disons-nous, lui proposa d'échanger cette baronnie contre certains domaines qui seraient dans l'avenir plus profitables à l'Evêché.

En effet, en 1562, les Calvinistes, après avoir provoqué de grands désordres à Coutances même, s'étaient emparés du prélat et de plusieurs chanoines de sa cathédrale. Tous se croyaient cependant en sûreté sous le bénéfice de la paix : pourtant ils furent emmenés prisonniers à Saint-Lo, dans le château.

La manière dont ils traitèrent le prélat fut « abominable », au dire de Toustain de Billy (2). Ils le promenèrent par les rues de la ville, monté sur un âne, la face tournée vers la queue qu'ils le contraignirent de tenir au lieu de rênes et de bride. Ils le vêtirent d'une vieille jupe, en guise de chappe,

---

(1) Toustain de Billy. La ville de Saint-Lo, p. 87.
(2) Toustain de Billy.   Id.   p. 91.

avec une espèce de mitre de papier. Comme cortège, ils lui donnèrent ses ecclésiastiques en équipage non moins ridicule et ils furent suivis de toute la canaille de la cité, qui, à l'envi leur chantèrent mille injures et leur firent toutes sortes d'insultes.

Heureusement, les catholiques indignés de scènes aussi scandaleuses s'empressèrent de conduire à Granville le prélat, sous la protection de plusieurs cavaliers prêts à le défendre (1).

Arthur de Cossé ayant donc consenti à la cession de la Baronnie de Saint-Lo, sous la réserve toutefois de la *terre, chasteau et seigneurie de La Motte-Lévesque*, il reçut en échange de Matignon les fiefs de Montgardon et de Moutiers-en-Bauptois, d'un revenu annuel de 3.000 livres tournois, et, en outre, d'une rente de 500 livres.

Il fut de plus stipulé qu'en cas de guerre les Evêques de Coutances seraient *reçus et logés à Saint-Lo*, c'est-à-dire dans le château-fort.

Le contrat fut passé à Caen, le 22 mai 1576, devant Jean Le Maistre et Jean de La Haye, tabellions royaux.

Dès l'année suivante, Matignon, par arrêté daté de Torigny, le 27 février 1577, enjoignit aux échevins et aux receveurs des finances de Saint-Lo d'employer uniquement les revenus de leur *communauté* à la réfection et à la mise en état des portes et des ponts de la ville (2).

D'après un autre document, il fit, dans le même temps, boucher la *porte du Neufbourg*, aplanir le jardin du château et élever la citadelle de la manière qu'on la voyait en dernier lieu, avec ses remparts, ses fossés et ses ravelins (3) ou demi-lunes (4). Enfin, il fit réparer les murailles de tous côtés.

---

(1) Toustain de Billy. La ville de Saint-Lo, p. 92.
(2) Toustain de Billy. Déjà cité, p. 107.
(3) Ravelin. Terme de fortification, d'après le Dictionnaire de l'Académie.
(4) Toustain de Billy. Déjà cité, p. 107.

Il n'est pas douteux pour nous qu'une fois en possession de la baronnie de Saint-Lo, Matignon s'empressa d'apporter de nombreuses transformations à la vieille forteresse. Ce fut à ce moment que probablement durent disparaître les derniers vestiges qui lui donnaient encore un caractère féodal. Ainsi, le donjon qui devait être au sommet principal du roc fut complètement rasé.

Cependant on conserva l'enceinte avec probablement quinze ou seize tours crénelées. Et, en dehors de cette enceinte, les fossés qui en défendaient l'approche furent maintenus et même élargis.

Egalement le pont-levis qui accédait à la rue Torteron fut refait dans des conditions meilleures et l'on conserva encore pour les approvisionnements, au pied de deux tours, deux portes d'entrées.

Quant au château proprement dit, ce fut sur l'emplacement de l'antique donjon, en contre-haut et en face de l'entrée du pont-levis, presqu'à l'extrémité opposée des cours intérieures, qu'il fut édifié. Destiné d'abord aux Matignon jusqu'à ce qu'ils eussent fixé définitivement leur résidence au splendide et somptueux château de Torigny, il reçut des proportions considérables et en rapport avec les goûts de luxe et de bien-être que les gentils hommes Français avaient rapporté des guerres d'Italie avec les armées de Charles VIII, Louis XII et François Ier. Le château, du reste, fut constamment occupé depuis par ses capitaines et ses gouverneurs jusqu'au moment de la Révolution Française. Un décret impérial de 1811 en ordonna la démolition, en même temps que celle des fortifications de la ville de Saint-Lo et les travaux de destruction commencèrent dès l'année suivante.

D'après Piganiol de la Force (1), la ville de Saint-Lo était

____

(1) Piganiol de la Force. Nouvelle description de la France, 1754. T. IX, p. 394.

entourée d'une muraille antique affectant à peu près la figure
d'un trapèze d'environ 150 toises de long, sur 120 toises de
large. (1) Ses murs et ses tours étaient *fondés et creusés dans
le roc*, qui était fort escarpé et très haut. Cet auteur ajoute :
« La plupart de ces tours ont été rasées, ou vendues ou fieffées
à différents particuliers, ainsi que la place appelée le Beauregard, qui était la seule de la cité ayant une vue sur la rivière
de *Vire.*

L'important évènement qui fit passer la baronnie de Saint-
Lo de la main des évêques de Coutances, qui la possédaient
depuis la plus haute antiquité, en celle du célèbre Matignon,
nous a porté à rechercher ce qu'était ce grand fief.

Ici les documents abondent et nous n'avons eu que l'em-
barras du choix. Il nous a suffi de nous reporter aux déclarations du temporel du diocèse de Coutances faites par ses divers
évêques, Sylvestre de La Servelle, Guillaume de Crévecœur,
Gilles Deschamps, Pandoulphe de Malatesta, Philbert de
Montjeu, Gilles de Duremort, Jean de Castiglione, Richard
de Longueil, Geoffroy Herbert, Philippe de Cossé, Payen
d'Esquetot, et Etienne Martel, dont nous avions précédemment
signalé les actes (2).

Tous leurs aveux, toutes leurs déclarations de soumissions
envers les rois de France sont formulés dans les mêmes
termes, bien que quelques-uns des moins anciens soient plus
explicites. Afin de faire bien comprendre les droits actifs ou
passifs de cette baronnie, nous croyons devoir énoncer ici une
analyse de la soumission passée par Payen d'Esquetot, le 25
septembre 1549 (3), au roi Henri II, le quel n'étant encore que
Dauphin, était venu à Saint-Lo avec François Ier, en 1532,
ainsi que nous l'avons déjà dit.

---

(1) Nous pensons que ces mesurations sont plus exactement
celles de la citadelle que celles de l'enceinte fortifiée de la cité.
(2) Mémoires de la Société d'Archéologie de Saint-Lo, 1900,
tome XVIII, p. 22.
(3) Toustain de Billy. Déjà cité, p. 65.

Au point de vue de la défense militaire du château de Saint-Lo, ces chartes sont d'un intérêt d'autant plus grand que jusqu'ici personne ne les a connues d'une façon certaine.

Toustain de Billy n'a, en effet, indiqué que le nombre de quatre chevaliers comme devant le *service d'aost* au Roi en compagnie de l'Evêque de Coutances, et il n'a même pas rappelé leurs noms. De Gerville (1), de son côté, élève à cinq le nombre des chevaliers tenus à ce service et il donne les six noms de Saint-Gilles, de Gourfaleur, de Courcy, de Saint-Ouen de Baudre, de Soule et d'Aigneaux. Cet auteur se reporte au *Liber feodorum Philippi regis Augusti*. Tout cela est assez obscur et nos textes y porteront la pleine lumière.

Disons, tout d'abord, qu'à l'époque féodale la Baronnie constituait l'indication d'un des grands fiefs, qui relevaient directement de la couronne royale.

Celle de Saint-Lo, possédée par les évêques de Coutances, avait notamment sous sa dépendance, à titre de fiefs, les seigneuries de Saint-Jean-d'Aigñeaux (2), de Saint-Gilles (3), du Mesnil-Rouxelin (4), de Canisy (5), de Courcy (6), de La Soulle (7), de Tresly (8), de Saint-Ouen-de-Bauldre (9), de Sainte-Croix de Saint-Lo (10), de Rampan (11), de Saint-Georges-de-Montcoq (12), de Gourfaleur (13), et quelques autres encore.

---

(1) Châteaux du département de la Manche. Château de Saint-Lo, p, 70.
(2) Agneaux. Canton de Saint-Lo.
(3) Canton de Marigny.
(4) Canton de Saint-Lo.
(5) Canton de Canisy. Chef-lieu.
(6) Canton de Coutances.
(7) Soules. Canton de Canisy.
(8) Trelly. Canton de Montmartin-sur-Mer.
(9) Baudre. Canton de Saint-Lo.
(10) Canton de Saint-Lo.
(11) Canton de Saint-Lo.
(12) Canton de Saint-Lo.
(13) Canton de Canisy.

Les quatre premières de ces seigneuries, qui étaient, en l'an née 1549, en la possession de Jean de Sainte-Marie, de Guillaume de Saint-Gilles, de Gilles de Bauldre et de Philippe Carbonnel, se trouvaient tenues nominalement chacune aux devoirs d'un chevalier, pour et au nom de l'évêque de Coutances, pendant quarante jours, chaque fois que le Souverain leur faisait appel, en temps de guerre, c'est-à-dire pour le service d'*ost*, selon l'expression consacrée.

Quant à Jehan de Gourfaleur, pour son fief de Gourfaleur, s'il n'était obligé qu'à payer 24 sous tournois *pour l'aide de l'ost du roy*, il était, en outre, durant quarante jours, *assujetti à garder l'huys*, c'est-à-dire la porte de la chambre de l'évêque de Coutances, au château de Saint-Lo.

Au surplus, tous les tenants des fiefs dépendants de l'évêché de Coutances, — au nombre d'environ vingt-cinq, — devaient personnellement monter la garde au château de Saint-Lo, pour sa défense, en tous temps. (1)

* *

Cependant, malgré la grande autorité de Matignon et la ferme volonté qu'il avait manifestée de maintenir le château de Saint-Lo en parfait état de défense, les Huguenots, qui étaient fort nombreux dans le Cotentin et surtout aux environs de Saint-Lo, inspiraient toujours des craintes sérieuses.

M. d'O, (2) l'un des favoris du roi Henri III et l'un de ses conseillers les plus écoutés, voulut prendre l'initiative de lui demander le démantelement du château, afin d'ôter aux ennemis de la tranquillité publique toute velléité de s'en emparer, de s'y fortifier et d'y constituer même le siège d'une nouvelle guerre.

---

(1) Voir pièce justificative *in fine*.

(2) Fr. d'O fut surintendant sous Henri III, depuis 1578. Bien qu'il fut universellement haï pour ses concussions, il resta en place à l'avènement de Henri IV. Ses prodigalités surpassaient encore ses éxactions.

Consulté à ce sujet, de Longaunay, alors gouverneur de la Basse-Normandie, en écrivit énergiquement au Roi, en insistant sur l'urgence de multiplier les moyens de rendre à la forteresse tous ses plus puissants moyens de résistance. Jean de Gourfaleur, seigneur de Bonfossé, qui était, en ce moment, capitaine du château, se montra très naturellement très hostile au démantelement dont il avait été question Cela se passait vers novembre 1585 (1).

Le roi, par lettre du 18 de ce même mois, envoya à Longaunay une lettre des plus flatteuses sur sa vive résistance à cette destruction, qui eut été désastreuse et absolument contraire aux intérêts du parti catholique. (2)

Peu après, De La Haulle-Duchemin ayant été établi gouverneur de Saint-Lo, la résolution fut prise très sérieusement d'achever les fortifications du château, en même temps que celles de la ville elle-même, d'après les plans restés inachevés de Matignon, devenu maréchal de France, en 1579. (3)

Les travaux furent conduits avec vigueur, et, d'après de Gerville (4), les parties qui en subsistaient lorsqu'il visita Saint-Lo vers 1820, se reportaient bien à cette époque. Il constata seulement l'existence de deux tours, l'une dans le jardin de la Préfecture, l'autre près de la rampe, entre la prison neuve et Torteron.

Il n'est pas douteux que Matignon avait multiplié tous ses efforts pour donner à Saint-Lo tout le plus grand essor et tout l'éclat possible.

Du reste, à tous égards, cette ville le méritait, car si l'on ajoute foi à l'éloquente manifestation du roi Henri IV, dans son édit de création du collège de cette ville, daté du mois de décembre 1609, « Saint-Lo était l'une des principales villes et la

---

(1) Toustain de Billy, déjà cité, p. 117 et 118.
(2) Id.
(3) Toustain de Billy. Déjà cité, p. 126.
(4) Châteaux de la Manche. Saint-Lo, p. 69.

« troisième de la province de Normandie (1) ». Nous ne voulons pas douter de la sincérité de cette suprême manifestation
royale qui plaçait Saint-Lo immédiatement après Rouen et
Caen. Dans un tel état de choses il était logique que le titre de
chef-lieu du département de la Manche revint à Saint-Lo,
quoique de prime abord il eut été attribué à Coutances.

*
* *

Sous l'administration des Matignon les prévisions de guerres
prochaines ne se réalisèrent pas et les constructions militaires
du Maréchal cessèrent d'être utiles. La Baronnie de Saint-Lo
put donc jouir d'une assez grande tranquillité.

Cependant l'énormité des impôts sous lesquels succombaient
ses habitants les entraîna, en 1635, à une violente sédition,
tellement grave qu'elle motiva des lettres de grâce et *d'abolition*
de la part du roi Louis XIII. Il en avait été ainsi également à
Rouen, dès l'année précédente.

Quelques années plus tard, en 1639, survint l'insurrection
des Nu-Pieds, dont l'étincelle partie d'Avranches parcourut
rapidement le Cotentin et toute la Basse-Normandie. Le chef
des révoltés osa même un jour afficher, sur les portes de Saint-
Lo, un placard rempli de menaces pour ses échevins et ses
administrateurs municipaux. Les populations eussent peut-être
répondu à l'appel de Nu-Pieds, le général des révoltés, car
l'émotion avait été vive au milieu d'elles; mais elles gardèrent
un prudent silence dès qu'elles virent avec quelle énergique
vigueur Gassion, délégué par la Cour, à la tête d'une petite
armée, fit procéder dans Avranches à de sanglantes exécutions.
Ces moyens amenèrent bientôt une pacification complète.

Ces derniers événements n'eurent qu'une valeur historique
relativement secondaire..

Mais ce qui contribua exceptionnellement à donner un certain éclat à la baronnie de Saint-Lo durant toute la dernière

____

(1) Toustain de Billy. Déjà cité, p. 133.

période de son existence, ce furent plusieurs de ses Capitaines-gouverneurs, qui furent des hommes de mérite, et, par dessus tout, cette grande famille de Matignon, dont chacun des membres sut conquérir les premiers rangs dans l'Etat. Elle fut également remarquée par ses alliances avec les familles les plus notables de la France.

Entre tous, Jacques-François-Léonor de Goyon de Matignon obtint du roi le titre de Pair de France, par lettres patentes de décembre 1715, à l'occasion de son mariage avec la duchesse de Valentinois, fille unique d'Antoine de Grimaldi, prince souve-rain de Monaco. Ce mariage avait eu lieu le 20 octobre 1715, et l'une des conditions du contrat fut que lui et leurs enfants seraient substitués au nom et aux armes de Grimaldi. A la mort de son beau-père (le 12 février 1731) la principauté de Monaco lui fut acquise. Depuis elle est restée à ses descendants directs, représentés, en ce moment, par S. A. Sérénissime Mgr le Prince régnant Albert de Monaco, duc de Valentinois, comte de Torigny et baron de Saint-Lo, grand d'Espagne de 1re classe et Grand-Croix de la Légion d'honneur. Elu membre correspondant de l'Institut de France (Académie des Sciences, dans la section de géographie), le 27 avril 1891, ce prince s'est fait connaître particulièrement par de remarquables voyages maritimes et des découvertes scientifiques de premier ordre. C'est un savant d'une éminente distinction, qui a bien voulu prendre rang parmi les membres de la Société d'Agri-culture, d'Archéologie et d'Histoire naturelle de la Manche.

§ 6e. — Les Plans du Chateau de Saint-Lo

Notre Mémoire serait incomplet s'il ne parlait pas de la topographie de la citadelle de Saint-Lo.

Nous en connaissons deux plans qui se complètent l'un par l'autre et nous permettent d'en reconstituer l'ensemble.

L'un se trouve aux Archives Nationales, dans un carton classé T. 429, avec le n° 18, sous le titre : Emigrés et condamnés. Il provient des archives et papiers trouvés au château de Thorigny, lors de l'arrestation du duc de Valentinois, qui mourut dans les prisons de la Conciergerie avant son appel devant le Tribunal Révolutionnaire, en 1793.

Ce plan peut remonter à l'année 1780 environ. Toutes les parties qu'il indique des fortifications sont dessinées avec une netteté irréprochable et teintées au carmin. Nous ne pouvons exprimer à son égard qu'un seul regret, celui qu'il ne nous donne guère que le tiers de la forteresse, et que nous n'en possédions pas la clé. En effet, les vnigt-quatre lettres de l'alphabet sont portées sur autant de parties de son ensemble, et nous n'avons pu rencontrer la nomenclature à laquelle correspond chacune de ces lettres. Par suite nous ne pouvons préciser certains détails sans hésitation. Pourtant quelques indications nous apprennent que les deux tours qui défendaient l'entrée de la forteresse et recelaient le mécanisme complet du pont-levis, étaient occupées par le Major de la place et le Magasinier.

A droite du pont-levis, du côté de l'Est, une ligne de murailles se dirigeait vers une tour, formant à angle droit le point de départ d'une deuxième ligne de murs se dirigeant vers le Nord-Est, avec une tourelle servant de geolle, située à une certaine distance.

Des fossés creusés dans le roc défendaient l'approche de ces deux murailles dans toute leur longueur. Il en était de même tout autour de l'enceinte générale, excepté du côté de l'Ouest où la rivière de *Vire* constituait une défense plus résistante encore.

Les jardins de la citadelle s'étendaient de la tour droite du pont-levis jusqu'aux pieds de la geolle. Pour les jardins du château, ils occupaient toute la partie intérieure et droite de l'enceinte, depuis le pont-levis jusqu'à l'habitation du Duc de de Valentinois, devant la quelle était une vaste cour. Une avenue triomphale et large permettait l'accès à celle-ci.

A gauche de la tour du pont-levis, et du côté de la *Vire*, qui constituait elle-même un moyen sérieux de défense pour la citadelle, une muraille prenait la direction de l'Ouest jusqu'à une tour d'angle. Puis formant équerre, un nouveau mur, parallèle à la rivière, formait la troisième face du quadrilatère, qui avec une quatrième muraille longeant le Nord, complétait l'enceinte fortifiée et entière. Le long de la *Vire* se trouvaient deux tours, dont l'une semble avoir été nommée La Tourelle.

Naturellement tout l'ensemble de ces murailles d'enceinte était surmonté de créneaux et de machecoulis. Enfin sur leurs sommets étaient les boulevards, ou plate-formes.

De cette sorte, notre plan fait connaître cinq tours, dont deux au levant et trois au couchant ; plus les deux tours surplombant le pont-levis. En tout, il indique sept tours.

Une poterne existait aussi au pied de la tourelle servant de geolle, sur la droite.

Quant au corps de garde, il était de ce même côté droit, mais en dehors du fossé.

Toutes différentes sont les perceptions de notre second plan original, qui existe à la Bibliothèque nationale, section des Estampes, classé à la série du département de la Manche, arrondissement de Saint-Lo : V. A. n° 103.

Il est plus ancien que le précédent de 25 à 30 ans, et il a l'avantage de faire connaître les renvois aux vingt-quatre lettres de l'alphabet qui s'y trouvent sur différents points indicateurs.

Prenons donc connaissance de ces précieuses notions.

A. Porte de la citadelle, donnant accès vers la ville de Saint-Lo.

B. Tour située sur le sommet du rempart. Elle servait de magasin à poudre. Sa situation était à droite, vers le nord.

C. Jardin de M. Le Monnier, président. A gauche de la porte A.

L. Rues par lesquelles on descend de la ville, pour arriver au bas du faubourg Saint-Georges.

S. Eglise Notre-Dame.

T. Eglise Saint-Thomas. En dehors de la citadelle, vers le midi.

V. Porte de Torteron, accédant à la rue de ce nom. Là sont deux tours, dont l'une à l'angle du quadrilatère de la Forteresse. On peut en tirer la conclusion que quatre tours formaient chacun des angles de l'enceinte.

Ce deuxième plan indique huit tours, plus les deux du pont-levis de l'entrée. Ces deux là étaient circulaires quant à l'extérieur, mais elles avaient une face rectiligne à l'intérieur du château-fort.

X. Rue Torteron.—C'était à l'extrémité de cette rue qu'était la citadelle.

Y. Le grand Pont sur la *Vire*. Il a six arches..

Z. Auberge du Soleil-Levant. — Place Des Champs où se tenaient les foires.

AZ. Auberge de La Licorne, au bas de la rue de Torteron.

Le château est figuré aussi bien sur ce plan que sur le précédent, à l'extrémité intérieure de la citadelle et bien en face du pont-levis. Il était donc situé dans la partie la plus élevée de la forteresse. Derrière lui et assez proche, est une muraille crénelée, aux extrémités de laquelle sont deux tours : cette muraille est la plus étendue en longueur des quatre lignes formant l'enceinte.

Au moyen de nos deux plans, qui contiennent des solutions de continuité dans cette enceinte, et en reliant l'ensemble des murs les uns aux autres, on peut en reconstituer la totalité entière. Cependant on n'y peut parvenir ainsi qu'au moyen de certaines fictions.

Il n'en est pas moins certain que le quadrilatère de cette enceinte présentait quatre lignes absolument inégales en longueur. Celles dont les développements étaient les plus considérables se trouvaient au Nord et à l'Est. Le mur le plus court était celui du Sud, qui, vers son milieu, encastrait le pont-levis

Notre deuxième plan avait été rédigé à l'occasion d'un procès criminel, dans lequel sont rappelés les noms de MM. de la Maugerie et de La Luzerne.

§ 7e. — LES ANCIENNES PORTES DE SAINT-LO.

Comme annexe de toutes ces fortifications du Château et de la ville, entourée de murailles formidables, nous croyons devoir ajouter ici la liste des anciennes portes de Saint-Lo. Nous en donnons la nomenclature telle que M. le Président Lepingard a eu l'extrême amabilité de la dresser à notre intention. Nous ne saurions assez l'en remercier avec la complète effusion de notre gratitude. Cette liste nous paraît précieuse à conserver : elle forme un chapitre tout entier dont nous tenons à reporter l'unique honneur vers son auteur.

Anciennes portes.

Il y avait autrefois trois portes, situées au Neufbourg. Deux d'entre-elles se trouvaient au haut du dit lieu ; la troisième était à l'entrée de la rue Croix-Capey (*sic*).

Une comme on va à la Fontaine *Venise*.

Une autre proche du Pont-Leton.

Une autre proche l'église Saint-Thomas, pour aller aux Fourchemins.

Une autre située à Béchevel.

Une autre appelée Porte-Nique, proche de Saint-Thomas.

Deux autres situées proche le Carrefour de l'Hôpital.

Une autre proche du Pont de Vire.

Une autre sise au haut de Falourdel.

Une autre à La Croix-Cauvet.

Une autre au haut de la rue Saint-Georges.

Une autre au bas de la dite rue Saint-Georges, appelée Porte au Four.

Deux autres appelées Portes Dollée ; avec ponts-levis et corps de garde attenant à la porte.

Deux autres sises à l'entrée de Torteron ; à l'entrée de la ville de Saint-Lo (*sic*), avec leurs ponts-levis.

Une autre au Vaudevile Mêle.

Une autre à Pot d'Airele ou d'Airin (route de Carentan et Saint Georges).

Deux à la rue des Ruettes. L'une au haut ; l'autre au bas.

Une sise proche des moulins de Vire.

Une sise proche du presbytère de Notre-Dame.

§ 8. — Résumé

Créé comme tant d'autres par Charlemagne, au viii° siècle, c'est-à-dire aux origines de la Féodalité, le château de Saint-Lo perdait tout caractère lorsque l'Assemblée constituante eut, dans sa séance mémorable du 4 août 1789, décrété l'anéantissement de ce régime politique et social. En réalité, la forteresse fut établie pour assurer la défense de la baronnie de Saint-Lo qui doit remonter aux mêmes temps.

Pendant les dix siècles de son existence il a subi de nombreuses variations que nous avons énoncées. Elles se rattachent d'une façon caractéristique aux dénominations que nous pouvons appeler l'âge du bois, l'âge de la pierre avec son donjon isolé, et l'âge de la poudre à canon, avec pour tableau dramatique son épisode de la guerre de Cent-Ans, l'époque des guerres de Religion, et enfin le gouvernement des Matignon, devenus possesseurs de la Baronnie de Saint-Lo.

L'Empereur Napoléon Ier fit bien disparaître les derniers vestiges de Saint-Lo fortifié. Mais la charte de 1815, en rétablissant les anciens titres a relevé fictivement l'éclat de sa brillante renommée. Ce n'est plus qu'un nom désormais, et cependant il saura toujours évoquer des souvenirs de luttes ardentes pour des causes saintes et respectées, comme encore les reminiscences de personnages illustres et surtout de merveilleuses traditions immortelles qui ne sauraient disparaître.

Hippolyte SAUVAGE.

Pièce Justificative

Aveu rendu au roi Henri II, le 25 septembre mil cinq cent quarante neuf, de la Baronnie de Saint-Lo, par Payen d'Esquetot, évêque de Coutances.
(Archives nationales. Chambre des Comptes. Normandie. Cotentin. Anciens Aveux Originaux. P. 292, n^os CLX et 439).

DU ROY NOSTRE SIRE EN SA VRAYE SUBIECTION ET OBÉISSANCE A CAUSE DE SON DUCHÉ DE NORMENDIE,

Nous Paien de Esquetot, par la permission divine Evesque de Coustances,

Confessons et advouons tenir neuement et sans moien par hommaige de féaulté les héritaiges, possessions et revenus temporeles tant en chef que en membres que nous tenons et possédons par raison et à cause du dict évesché, des quelles possessions spéciallement de ce qui est tenu franchement et noblement à court et usage les parties enssuyvent :

Premièrement la Baronnye de Saint Lo avec ses appartenances et deppendences quelzconques tient espanchement et noblement à court et usage, gaige pleige, jurisdiction et congnoissance des causes, querelles et autres choses tant en la forme et manière que nous et nos prédécesseurs Evesques de Coustances en avons jouy et usé ou temps passé tant en jurisdiction de cours, de cheminages, voyes, sentiers et chemins, estaulx de tavernages, de mesures de bledz et de boires, de petites pouches ou l'on apporte vendre le charbon en la ville de Saint Lo, qui debvent estre d'une verge de long et demye de laize à la mesme verge, que aultres choses.

Item la congnoissance, jurisdiction, correction et pugnition de crime de toutes aultres malfaçons et deffaulx et de tous draps et de tous aultres mestiers quelzconques qui sont faicts en la dicte ville de Saint Lo, tant en fort que dehors, etc., etc.

Item la congnoissance, pugnition et correction de l'aulne et poix (*poids*).

Item les coustumes, halles, couvertz et estallages avecque la jurisdiction qui en despend d'icelle ville de Saint Lo.

Item la congnoissance des foires de Saint Gilles et la Magdalaine, et des marchez d'icelle ville avec leurs appartenances et deppendences en la dicte ville de Saint Lo et illec environ.

Item la congnoissance des édiffices vieulx et nouveaulx, empeschements, debatz ou controuverses qui en naienssent, etc., etc.

Et generallement de toutes aultres choses qui à droict, franchise et dignité de baronnye appartient ; obéissant faire plus à plaine déclaration, sy mestier en est.

Item nous avons plusieurs terres en la dicte baronnye et dommaines, manoirs, tant à Saint-Lo, chasteau à Bonfossé, nommé le chasteau de la Motte-Levesque, que aultrement, granges, manoirs, maisons, halles, chastel ou forteresse, cohues, coulombiers, jardinages, bois, sans tiers et sans dangier, terres arréables et non arréables, préz, moulins à blé et à draps, etc., etc.

La quelle baronnye s'estend en plusieurs lieulx, villes et paroisses. C'est assavoir ès paroisses Nostre-Dame, Saincte Croix, Sainct Thomas de Sainct Lo, Sainct George de Montcoq, Sainct Oxien de Vaudru, Le Mesnil Rouxelin, Aigneaulx, Sainct Gilles, Gourfallour, Canegy, Courcy, Blanville, Lingreville, Trely, Sainct André du Valjouas, Sainct Denys-le-Gast, Cenilly, Le Puistomy, Brevant, Foville, Valloignes, Esqueurdreville, Cherbourg, Saincte Croix de Frantonne, Sainct Martin et Sainct Ebvremont de Bonfossé, Annebou, La Mansselière, Sainct Sanson de Bonfossé, Malleville, Bouille, Sainct Louet sur Lozon, que ailleurs.

De nous sont tenuz plusieurs francz fiefz, membres de fiefz, arrieres fiefz, vavassories et tenements franchement à court et usage, etc., etc.

C'est assavoir : — Item Jehan de Saincte Marie, escuier, tient de nous, par foy et hommaige le fief, terre et seigneurie d'Aigneaulx, o ses appartenances, par un fief de haubert entier, dont le chef est assis en la paroisse Sainct Jehan d'Aigneaulx, et nous en est deu service de Ost. C'est assavoir le tiers d'un service de chevalier par quarante jours, icelluy service passant par nostre main et allant au Roy nostre sire en l'acquit de la dicte baronnye toutes foys que le Roy nostre dict seigneur faict semondre et prendre ses services de ost ; et avecques ce nous est deu service d'un chevalier en la garde du chastel du dict lieu

---

(1) Ouen de Baudre.

comme il est acoustumé d'ancienneté toutes foys que le cas s'offre, etc., etc.

Item Guillaume de Sainct Gilles, escuier, tient de nous par foy et hommage le fief de Sainct Gilles, avec toutes ses appartenances par ung fief de haubert entier, dont le chef est assis en la paroisse de Sainct Gilles ; et nous en doibt tel et semblable service de chevalier estant et passant en nostre main et allant au Roy, nostre dict sire, en lacquict de la dicte baronnye et que la garde du dict chastel de Sainct-Lo nous en est due à cause du dict fief d'Aigneaulx, selon ce qui est cy dessus déclaré, etc.

Item Gilles de Bauldre, escuier, seigneur du Mesnil Rouxelin, tient de nous par foy et hommage le dict fief du Mesnil Rouxelin, o toutes ses appartenances par le tiers de ung fief de haubert, dont le chef est assis en la dicte paroisse du Mesnil Rouxelin, et nous en doibt service de chevalier, passant nostre main et allant au Roy nostre sire, en l'acquit de la dicte baronnye, comme aussy la garde du dict chastel de Saint Lo.

Item Philippes Carbonnel, escuier, tient de nous par foy et hommage le fief de Canecy, avecques ses appartenances, par demy fief de haubert, etc., dont le dict fief est assis en la dicte paroisse de Canecy et nous en doibt service de demy chevalier, passant nostre main et allant au Roy, nostre dict sire, en l'acquit de la dicte baronnye toutes foys que le Roy faict semondre ses services d'ost, etc.

Item à cause de la dicte baronnye de Sainct Lo tenons et nous appartient le fief de Courcy par demy fief de haubert à toute justice et jurisdiction que seigneur Baron peult ou doibt avoir en la paroisse de Courcy près Coustances, et en est deu au Roy, nostre dict sire, service de demy chevalier à cause de la dicte baronnye toutes fois que le Roy faict semondre ses services d'ost. Et en icelluy demy fief avons manoir, etc., droict de patronnage, etc., etc., du quel demy fief Gilles de Guernet, escuier, tient de nous par hommage ung quart de fief de haubert nommé et appellé le fief de la Haulle (Soulle), assis en la dicte paroisse de Courcy, et nous en doibt la moitié du dict service passant nostre main et allant au Roy nostre dict sire, en l'acquit de la dicte baronnye, etc., etc.

(Suit la nomenclature de divers devoirs rendus par les seigneurs ci-après nommés pour leurs fiefs) :

Les héritiers de Guillaume Potier, pour fief situé à Courcy.

René Dangerville, seigneur de Grainville, pour fief à Tresly.

Ameurry de Bauldre, pour fief à Saint Ouen de Bauldre.

Ravend de Parfourru, pour fief à Sainte Croix de Saint Lo.

Michel Clerel, pour le fief de Rampan, à St-Georges de Montcoq.

Guillaume Le Chevalier, pour le fief de Lignerolles (ou Vignerolles).

Jehan de Caumont, pour le fief de Gourfalleur.

Jehan Ferey, pour le fief du Chouquay, à Valjouas.

Jehan du Hamel, pour le fief au Vicomte, à St-Ebremont de Bonfossé, etc., etc.

Item Nous avons en la dicte ville de Sainct Lo des denrées qui y sont apportées, en prinse, (1) c'est assavoir de vin, de poisson et de toutes aultres marchandises en l'estat et selon ce qui est accoustumé d'ancienneté.

Et, pour raison de nostre dicte baronnye et appartenances d'icelle, sommes tenuz faire ou faire faire au Roy nostre sire service d'ost, c'est assavoir de quatre chevaliers pour quarante jours toutes foys qu'il faict semondre, prendre et faire ses services d'ost en la manière et selon ce qu'il est accoustumé faire d'ancienneté, etc.

---

(1) Prinse, c'est-à-dire par *confiscation*.

Item Nous sommes tenuz de faire garder par nostre geollier ès prisons de nostre dict hostel et chastellerie du dict lieu de Sainct Lo ung jour et une nuyct seullement les prisonniers qui, par cas de crime ou aultrement, sont prins en la dicte ville par les sergens et officiers du Roy, nostre dict sire, s'ilz sont admenez ès dictes prisons ; et les faire rendre au jour de lendemain après heure de soleil levé, et mettre hors les dictes prisons par payant le geollage comme il est accoustumé de faire d'ancienneté et auparadvant le temps des guerres, etc., etc.

Faict le vingt cinquiesme jour de septembre mil cinq cent quarante et neuf. Suit la signature originale : P. E. de Coustances.

A cet acte est joint le sceau du prélat, contenant un écusson à trois fasces. La légende est illisible.

Le Château de Saint-Lo (Manche)

ET SES CAPITAINES GOUVERNEURS

(Suite) (1)

En présentant à nos chers et très honorés Confrères la suite de notre *Etude sur la Forteresse de Saint-Lo et ses Capitaines,* nous tenons tout d'abord à leur offrir l'expression de notre vive gratitude pour avoir bien voulu nous accueillir tout récemment au nombre de leurs associés titulaires. Pour répondre à une aussi haute bienveillance de leur part, nous ne pouvons que leur faire la promesse de joindre nos efforts aux leurs, afin de maintenir le renom de la Société qui rayonne sur notre département entier.

Il nous a paru indispensable de faire précéder cette dernière partie de notre long travail par un complément dans lequel nous avons indiqué un certain nombre de faits nouveaux sur plusieurs des personnages dont nous avions déjà tenté de reconstituer l'existence. Ces détails, qui nous étaient révélés par des chartes inédites, offraient de l'intérêt et il nous fallait les relier à ce qui nous était connu.

C'est ainsi que nous avons pu retrouver quatre capitaines de Saint-Lo qui avaient échappé à nos premières recherches ; de telle sorte que le nombre des capitaines de la forteresse de Saint-Lo, pendant la durée de la seule guerre de Cent-Ans, s'est trouvé porté à vingt au lieu du chiffre primitif que nous avions fixé à seize.

---

(1) Cf. XIXe et XXe volumes de ces *Mémoires.*

Nous ne dissimulons pas que nous avons été étrangement surpris de n'avoir pas pu découvrir un seul de ces capitaines avant cette période désastreuse de notre histoire nationale. Il y a là une lacune importante que les Archives départementales peuvent seules combler, car nous devons en faire l'aveu, il ne nous a jamais été donné d'en pouvoir étudier les richesses.

De même, il est inévitable pour nous de laisser également de nombreux vides dans la succession des capitaines de Saint-Lo depuis le milieu du xvᵉ siècle, jusqu'au déclin du xviiiᵉ siècle, quand la Révolution renversa les derniers vestiges de l'antique *castellum*, édifié par Charlemagne, à l'aurore de la féodalité.

Notre travail n'aura ainsi esquissé que les grandes lignes de cette longue série de près de dix siècles, durant lesquels Saint-Lo, justement renommé, sut déployer toujours un caractère de grande énergie et d'un patriotisme indomptable. Puissent nos successeurs compléter notre propre entreprise pour laquelle nous n'avons pu qu'indiquer notre bonne volonté, dans laquelle nous avons été surtout encouragé et soutenu par notre vénéré Président, M. Lepingard, sans lequel nous nous fussions concentré dans les limites de la seule guerre de Cent-Ans. Il a multiplié pour nous ses incessantes communications et ses plus flatteurs encouragements ; aussi nous avons à cœur de reporter vers lui la pensée et le vrai mérite de notre reconstitution historique, trop hâtive, à laquelle nous eussions voulu consacrer un long temps.

Hippolyte Sauvage.

CHAPITRE Ier

Compléments et additions à la première partie.

II. — HENRI DE THIÉVILLE
1360-1374.

Déjà, dans la première partie de notre étude sur *Les Capitaines et Gouverneurs du château de Saint-Lo pendant la guerre de Cent-Ans* (1), nous avons pu, dans quelques grandes lignes rapides, retracer l'existence peu connue de Henri de Thiéville.

Pourtant, nous avons négligé de dire quel fut le point de départ de son heureuse fortune.

Alors que tout jeune encore il avait, en effet, combattu aux côtés du roi Jean-le-Bon, à la désastreuse bataille de Poitiers, le 19 septembre 1356, il avait été fait prisonnier et conduit en Angleterre, en même temps que le Roi, puis contraint de payer une forte rançon pour recouvrer sa liberté (2).

Nous avons dit déjà que Thiéville fut l'un des personnages désignés pour les négociations diplomatiques relatives à la rançon du roi Jean. Ces circonstances lui valurent bientôt le titre honorifique de maître d'hôtel du Roi.

Plus tard encore, vers juin ou juillet 1372, lorsqu'il fut question d'obtenir le retour à la France du très important château de Saint-Sauveur-le-Vicomte, alors occupé par les armées anglaises, les Etats de la Basse-Normandie déléguèrent les deux baillis de Caen et du Cotentin, avec Louis Tésard,

---

(1) *Mémoires de la Société d'Archéologie de la Manche*, 1901, T. XIX, p. 3.

(2) M. Léopold Delisle, *Histoire du château de Saint-Sauveur-le-Vicomte*, p. 185. — M. L. Delisle, *Mandements et Actes de Charles V*, 3 mars 1857.

évêque de Bayeux, qui fut appelé l'année suivante au siège archi-épiscopal de Reims, pour être leurs interprètes auprès de Charles V, de l'absolue nécessité de réoccuper cette place de premier ordre.

Dans les conférences qui suivirent, les députés de la Basse-Normandie s'adjoignirent deux des plus illustres chevaliers du Cotentin et du Bessin, notre Henri de Thiéville et Henri de Colombières, Charles V disait, du premier dans une lettre du 4 décembre 1364 : « C'est un des chevaliers du païs qui mielx nous a servi et dont nous nous povons mielx aidier (1) ».

Thiéville n'eut probablement pas à s'occuper autrement du siège de Saint-Sauveur. Cependant il se trouve mentionné au nombre des personnages qui eurent à réclamer des indemnités pour divers voyages exécutés à l'occasion de cette forteresse. Une lettre de Charles V, datée de Paris le 7 septembre 1372, en rappelle le souvenir (2).

A cette date de 1372, Henri de Thiéville était-il toujours capitaine du château de Saint-Lo ? Rien ne l'assure, quoique ce soit bien probable, puisque nous avons vu des quittances datées de lui en mars 1371, et mars 1372.

Il n'eut pas à s'occuper directement des opérations du siège de Saint-Sauveur qui furent sous la direction générale de l'amiral Jean de Vienne, et non du connétable Du Guesclin, comme l'ont affirmé à tort Froissart et Jean des Novelles.

Une imposition de 40.000 livres fut levée sur le territoire de la Normandie, pour faire face aux frais de cette très importante opération de guerre. On sait notamment que, le 7 mars 1375, Jean Le Mercier, bourgeois de Gisors, qui, par ses importants services administratifs, était devenu l'un des principaux personnages de l'Etat, jaloux d'imprimer la plus grande activité aux opérations du siège de Saint-Sauveur, accourut en Basse-

(1) Bibl. Nationale. Cabinet des Titres. Pièces originales. V° Colombières. — M. Léop. Delisle, *Histoire de Saint-Sauveur*, p. 185.

(2) M. Delisle, id. p. 201. — Bibl. Nat. Lettres de Charles V. *Vidimus*, orig. du 20 novembre 1373.

Normandie où il reçut à cette époque, à Saint-Lo, une somme de 27.000 livres tournois, que Raoul Campion, receveur général de la Basse-Normandie, avait apportée de Caen, pour payer les troupes commandées par Jean de Vienne (1).

Comme dernier détail, disons aussi que ce fut au siège de Saint-Sauveur que, pour la première fois, en Normandie, on fit usage du canon contre les murs d'une forteresse. Les commissaires du Roi ordonnèrent même à Girard de Figeac, le 9 mars 1375, de confectionner, pour y être employés, des canons, aussi bien à Caen qu'à Saint-Lo. Un très gros canon, un terrible engin, jetant cent livres pesant de mitraille, fut entre autres préparé dans cette dernière ville. La quittance des frais que provoqua ce travail, porte la date du 3 mai 1375 (2).

III. — JEAN DE LA HAZARDIÈRE, CONNÉTABLE DE SAINT-LO
1384

Toustain de Billy, dans son *Histoire de la Ville de Saint-Lo* (3), fait mention d'un connétable de Saint-Lo, du nom de Jean de la Hazardière, au cours de la première période de la Guerre de Cent-Ans.

A tort peut-être, nous avions négligé de l'inscrire lors de notre précédente étude. Cependant, à la réflexion, ce guerrier doit être rangé au catalogue des capitaines de notre citadelle. Son titre de connétable devait effectivement lui faire occuper le second rang dans la défense de la forteresse, c'est-à-dire qu'en l'absence du capitaine gouverneur il devait se trouver instantanément substitué à lui *proprio motu*.

La commission de cet office, par le roi Charles VI, datée du 18 février 1384 (nouv. st.) (4), indique d'une façon positive

---

(1) Bibl. Nat. Cabinet des Titres. Pièces originales. Quittances.
(2) Bibl. Nat. Cabinet des Titres. Pièces originales. V° Figeac.
(3) Mémoires publiés par la Société d'Archéologie de la Manche, 1864, pp. 46 et 47.
(4) Voir nos Pièces justificatives, n° 1.

que le titre de connétable avait été constitué au profit de Jean de la Hazardière sur l'instante demande du capitaine de Saint-Lo, *pour le bien et la seureté de la ville*, et avec l'assentiment des bourgeois et des habitants. Mais bien évidemment il n'avait pas la suprématie autoritaire sur le gouverneur lui-même.

Il ne faut pas perdre de vue que la qualité de connétable comportait autrefois diverses acceptions. Dans l'usage, le titre de connétable du royaume de France indiquait bien une fonction de premier ordre dans la hiérarchie de la France Militaire ; ainsi Du Guesclin, le célèbre connétable breton, fut parfaitement le principal chef des maréchaux et des généraux Français. Mais cette dénomination était donnée souvent par les grands feudataires du royaume, et, même à certains gouverneurs de villes et de places fortes. Parfois encore, cette dénomination était prise dans l'ancienne artillerie, par des officiers subalternes, qui présidaient à la distribution de la poudre, des boulets et de tout ce qui concernait le canon.

Afin de bien faire comprendre notre pensée, nous rappelons ici, que par une charte de Richard-Cœur-de-Lion, de 1190, l'office de connétable de Normandie appartenait, à titre héréditaire à la famille du Hommet (1), originaire des environs de Saint-Lo.

Rappelons encore que le mot connétable vient des mots latins *comes stabuli* et désignait dans le principe le commandement de la cavalerie. Toustain de Billy a fait la même observation (2). Par suite, nous pouvons en induire que le rôle du connétable de la Hazardière put se restreindre aux troupes montées de la forteresse et de la ville de Saint-Lo.

Dans tous les temps on a toujours établi une distinction entre les fantassins et les cavaliers rangés sous l'autorité suprême d'un même chef.

---

(1) Guizot, *Histoire de la civilisation en France*, T. III, leçon 6, Paris, 1857.
(2) Mémoires, déjà cités, p. 47.

VI. — Regnault West
1417-1421

A coup sûr, nous pouvons étendre la date du commandement
de Regnault West jusqu'au 3 mai 1421, puisque ce jour-là,
au nombre des habitants de Notre-Dame de Saint-Lo, il reçut
la soumission que lui fit, comme au représentant du roi
d'Angleterre, le nommé Colin Sanson, qui passa sa déclaration
d'homme lige et subjet du Roy. Le *vidimus* en fut délivré
par Richard de Beuseville, tabellion au siège de Sainte-Mère-
Eglise (1).

Les armoiries de West, en Angleterre, étaient : *D'argent à
la fasce viorée ou denchée de sable* (2).

VII. — William de la Pole, comte de Suffolk
1422-1433

Le dossier de Suffolk, au cabinet des Titres de la Bibliothèque
Nationale, est assez volumineux. Il ne contient qu'un seul détail
cependant que nous tenions à rappeler, parce qu'il est particulier à Saint-Lo. C'est la quittance de 1122 livres, *ung sol*,
8 deniers tournois, pour prêt (3), et payement *des gaiges et
regars des hommes sous les ordres* de Guillaume de la
Pole, comte de Suffolk. Cette pièce est datée de Saint-Lo, le
4 avril, avant Pâques 1429 (n. s. 1430). Elle qualifie ce capitaine du titre de lieutenant du Roi, pour le fait de la guerre
ès bailliages de Caen et du Cotentin. Nous pourrions,
croyons-nous, ajouter que Suffolk était bien, à cette date,
capitaine de Saint-Lo (4).

(1) Bibl. Nat. F. Franç. Cab. des T. P O. 3049, dossier 67827, n° 2.
(2) Bibl. N. F. Franç. Cab. des T. P. O. 3049, dossier n°ˢ 3 et 4.
(3) On voit que le mot *prêt* s'employait déjà dans le sens de
payement de solde que le Roi faisait faire par avance aux soldats,
pour suppléer aux montres et pour les attendre.
(4) Bibl. Nat. Fonds Français, 29533. Cabinet des Titres. Pièces
originales 3049, dossier 67.812, n° 9.

X. — Edouart Weure
1429-1430

La multiplicité de nos chartes datées de 1429 et de 1430 présenterait quelques obscurités si l'on ne se rendait pas un compte exact, tant du désarroi qu'avait dû suvir l'armée anglaise au combat de la Brossinière, où le comte de Suffolk avait été fait prisonnier, que du retour de Raoul Tesson à la cause patriotique de la France.

Dans le but de réparer, autant que possible, le grave échec éprouvé par l'Angleterre, le duc de Bedford, régent du royaume de France, s'empressa de désigner de nouveaux capitaines pour occuper les offices dont Suffolk était pourvu. C'est évidemment dans ce sentiment qu'intervint la convention ou plutôt l'endenture dont nous donnons un long fragment à nos pièces justificatives, d'après le texte original (1), qui peut apporter quelque lumière au milieu de faits imparfaitement définis jusqu'ici.

Cette charte, datée du 17 novembre 1429, constate en effet que dès une époque antérieure, pouvant remonter à quelques mois et même à plus d'une année, Edouard Weure était *demeuré devers* (*venu vers*) le Régent, qui l'avait *nouvellement*, c'est-à-dire à une période peu ancienne, *fait capitaine de la ville et forteresse de Saint-Loo*. Le 17 novembre, la confirmation de son office lui fut donc renouvelée, au nom du Roi, jusqu'au jour de la Saint-Michel suivante (1430) (2).

Mais il est bien présumable que Weure ne put pas conserver ce commandement jusqu'au moment prévu par ce document, puisque d'abord il fallut en faire expédier un *vidimus* par le garde du scel de la vicomté de Carentan, le 8 février suivant (1430), et qu'ensuite une autre charte du 7 avril 1430 nous fait connaître que Jehan Harpeley, bailli du Cotentin, fut

---

(1) Voir nos Pièces Justificatives, n° 3.
(2)   ld.   id.   id.

délégué avec Edouart Wynoc, ou Wynoë, chevalier, capitaine
de Saint-Lo, pour faire les montres ou revues de la garnison
d'Avranches, et des hommes d'armes, sous les ordres du
comte de Suffolk, capitaine, alors, de cette place forte.

Or, comme nous avons constaté précédemment que
Suffolk avait fait une campagne active emmenant avec lui, le
15 mars 1430, Raoul Tesson, aussi bien que Edouard Weure,
l'un et l'autre successifs capitaines à Saint-Lo, nous sommes
forcément amenés à fixer la cessation du commandement de
ce dernier officier entre ces deux dates du 15 mars et du
7 avril 1430.

XI. — Edouart Wynoc ou Wynoë

Capitaine anglais de Saint-Lo. — 1430

Le nom de ce capitaine nous a été revélé par une charte
unique, du 7 avril 1430, qui lui confie le soin de passer les
revues des garnisons du château d'Avranches.

L'année suivante, il ne commandait plus à Saint-Lo, puisque Jehan Harpeley en avait la capitainerie jointe à son titre
de bailli du Cotentin, le 14 août 1431.

XII. — Jehan Harpeley, chevalier

Capitaine anglais de Saint-Lo. — 1431

Une vingtaine de chartes nous montrent Jehan Harpeley
comme lieutenant de la ville et du château de Rouen, avant
octobre 1422, sous le commandement du duc de Glocester, capitaine de la capitale de la Normandie; il est ensuite capitaine
et bailli d'Evreux, depuis cette époque, ainsi qu'en 1423,
bailli du Cotentin, en 1424, 1426, 1427, 1428, 1429, 1430,
et enfin bailli de Caen.

La plus grande partie de ces actes sont des pièces de comp-
tabilité.

Une seule se réfère directement et spécialement à la forte-resse de Saint-Lo. Elle est du 14 août 1431. Nous la donnons à nos pièces justificatives (1), De même que diverses autres, que nous avons eues sous les yeux, elle porte la signature : *J. Har-peley*.

Quant aux deux dossiers *Harpelay, Harpeley* ou *Har-pelley* (2), de la Bibliothèque Nationale, leurs premiers élé-ments classés sous les numéros 2, 3, 4, 7, 8 et 9, ne regardent que les capitaineries et les bailliages de Rouen et d'Evreux ; nous ne les citons que pour mémoire.

Au contraire, les numéros 5, 6, 10, 11, 12, 14 à 19, sont spéciaux au bailliage du Cotentin, et plusieurs d'entre eux pré-sentent un certain intérêt. Pour les numéros 19 et 20, ils concernent Jehan Harpeley en sa qualité de bailli de Caen.

Ainsi le parchemin coté 12 est le *vidimus* d'un acte solen-nel, nommé *endenture*, d'après les termes de la *Diploma-tique* (3).

L'original, daté de Rouen, le 22 septembre 1427, était scellé d'un sceau en cire vermeille, appendu à un lacs à simple queue. Il émanait de *très haut, très excellent et puissant prince, Monseigneur le Duc de Betfort,* régent du royaume de France, et conférait, au nom du roi d'Angleterre, à Jehan Harpcley, chevalier, le bailliage *de Constantin pour un an entier commençant à la Saint Michel venant* MCCCC°XXVII *et finissant à la Saint-Michel après ensuivant.* Pour la *sauve-garde, seurté et deffense* de son office, le bailli du Co-tentin était tenu d'avoir continuellement en sa compagnie deux hommes d'armes à cheval (4) et vingt-quatre *archiers montés*

(1) Voir les pièces justificatives, n° 3.
(2) B. N. Cab. des Titres. F. Franç. 27971. Pièces origin. 1487, dossiers 37617 et 37618.
(3) L'*Endenture* était une charte écrite généralement en dou-ble exemplaire, comme nos contrats synalagmatiques, mais dont la marge détachée de la souche était dentelée, c'est-à-dire en forme de dents et non coupée en ligne droite.
(4) Anciennement on désignait sous le nom d'homme d'armes, un cavalier armé de toutes pièces. Nous croyons devoir ajouter

et arnachés (1). Leur solde était fixée, pour le chevalier bachelier à deux soulz d'esterlings, par jour (2), et pour chaque homme à cheval, à 12 deniers d'esterlings et pour chaque archer, à six deniers.

Une seconde charte, datée de Paris, le 6 février 1428 (*nouveau style*) offre un intérêt plus particulier pour notre Basse-Normandie et pour notre Avranchin. C'est l'ordre donné par Hemon Belle Knap, gouverneur des finances du roi d'Angleterre, à Jehan Harpeley, chevalier, bailli du Cotentin, et à Victor de Saint-Gabriel, vicomte d'Avranches, de, pour lui et en son nom, *prendre et recevoir les montres*, c'est-à-dire les revues de Thomas Bonneg, capitaine de la place et forteresse d'Avranches. Et ce, *pour ce que nous ne pouvons aller audit lieu d'Avranches*, déclare le délégué du Roi et du régent du Royaume, *il délègue* aux sus-nommés, *tous ses pouvoirs et autorité* (3).

L'année suivante, le 3 avril 1429, Harpeley, et Nicolas François, contrôleur, passèrent la revue des gens d'armes et de trait de Saint-Lo (4). Quatre jours plus tard, le 7 avril 1429, avant Pâques, Thomas Blount, trésorier général des finances royales, en Normandie, confiait de nouveau une semblable mission à Messire Jehan Harpeley, bailli de Coutances, ainsi qu'à Edouard Wynoc ou Wynoë, capitaine de Saint-Lo, afin de se rendre une seconde fois à Avranches et d'y faire les *montres* de Monseigneur le comte de Suffolk et de Dreux, capitaine du dit lieu d'Avranches. Il s'agissait alors d'y passer en revue une véritable petite armée et le corps

---

que l'homme d'armes appartenait presque toujours à la noblesse, qu'il avait le titre et le rang d'officier, qu'aussi il était toujours accompagné de cinq servants qui constituaient son personnel domestique et de défense.

(1) Harnachés, équipés de harnais de cheval.

(2) Sterling, monnaie de compte en Angleterre. La livre sterling vaut environ 25 francs.

(3) Bibl. Nat. Cab. des Titres. F. F. 27971, Pièces orig. 1487, dossier 33647, pièce 14.

(4) Quesnault. *Les grands baillis du Cotentin*, p. 20. *Pièces anglaises des Archives de France*, p. 381.

des troupes rangées sous leurs ordres pour la *sauvegarde et seurté d'icelle place d'Avranches*. Ces soldats sont au nombre de *trente hommes d'armes et de quatre vings et dix archiers à cheval*. En outre, il y a encore un autre bataillon de *dix hommes d'armes et de vings archiers à pied*. Enfin, une dernière compagnie comprend trente-huit hommes d'armes et cinquante-quatre archers à cheval, plus huit autres hommes d'armes, avec vingt-quatre archers à pied (1).

Vers l'automne de la même année 1429, le 14 septembre, Jehan Harpeley délivre quittance de 290 livres, 2 sous, 6 deniers pour les frais qu'il a déboursés à l'occasion d'une autre revue de 17 hommes d'armes à cheval et de 71 archers réunis à Caen (2).

Le lendemain, 15 septembre 1429, le bailli de Coutances se trouve à Mantes. Il y passe encore une nouvelle inspection d'un homme d'armes et de sept archers à cheval, également sous ses ordres.

Mais ce que nous remarquons de plus notable dans ce dossier 33.617 du *Cabinet des Titres*, que nous venons d'analyser, et ce qui y provoque surtout notre attention, c'est que pour les deux capitaineries et les bailliages d'Evreux et de Coutances, les commissions que reçut Harpeley ne lui furent constamment données que pour la durée d'une année. Nos chartes en fixent toujours les dates de mises à exécution, aussi bien que les dates terminales. Nous en tirons la conséquence que c'était la règle adoptée en principe dans la province de Normandie entière.

Ce fait nous explique dès lors pourquoi durant la période de la guerre de Cent-Ans, de 1419 à 1450, un si grand nombre de capitaines reçurent successivement la direction de chacune de nos forteresses normandes, notamment à Saint-Lo. Il semble qu'une sorte de roulement fut alors organisé comme est

(1) Bibl. Nat. Cab. des Titres. Pièces orig., 2896 Fonds franç. 29380, dossier 64355, n° 14.
(2) Mêmes sources, dossier 64,355, n° 15.

conçu actuellement dans nos armées modernes le mode du séjour temporaire de nos régiments dans leurs garnisons et par le fait de l'établissement d'une périodicité régulière. Nous ne croyons pas que cette remarque ait été faite jusqu'ici, en ce qui touche le xv⁰ siècle. Mais nos chartes semblent l'indiquer d'une façon très claire et presque indiscutable.

XIII. — Thomas Tunstalle, chevalier
Capitaine anglais de Saint-Lo. — 27 Novembre 1431

Nous n'avons rencontré aucun document qui concerne ce guerrier.

Cependant le n° 21184 du catalogue de la librairie Saflroy, au Pré Saint-Gervais, de Paris, de novembre 1903, a signalé la déclaration par Thomas Tunstalle, chevalier, bailli. de Cotentin et capitaine de Saint-Lo, de sa prise de possession, saisine et garde de cette ville, à la date du 27 novembre 1431. Il avait reçu les clefs des mains de Thomas Chisnolle, écuyer, au nom de Jean Harpeley, précédemment capitaine de cette place. Cet acte fut rédigé à Saint-Lo même. Malgré notre empressement à tenter de l'acquérir, nous n'avons pu l'obtenir; il avait déjà disparu de la vente.

Au Cabinet des Titres, de la Bibliothèque Nationale (1), il n'y a que le dessin du blason de cette famille anglaise, dont le nom est orthographié Tunstal : *De sable, au chevron d'argent accompagné de 3 peignes de même, posés 2 et 1.*

XIX. — Guillaume Poitou, chevalier
Capitaine anglais de Saint-Lo

A notre précédent article concernant Guillaume Poitou, qui dut capituler pour le château de Saint-Lo, rendu au duc de Bretagne et au connétable de Richemond, le 15 septembre

---

(1) F. Franç. 29,380. Pièces orig. 2,896. Dossier 64,355.

1449, nous n'avons à ajouter qu'un seul détail, faisant mention d'un évènement beaucoup plus lointain.

D'après un mandement original, porté au catalogue de vente de la librairie Ern. Dumont, rue Barbet-de-Jouy, à Paris (1), et inscrit sous le n° 1151, le roi Henri VI, d'Angleterre, avait donné pouvoir à Jean Stanlaw, trésorier général en Normandie, de traiter avec Guillaume Poitou, chavalier, ou avec tout autre, pour la garde et capitainerie de Creully (2). -

XX. — Jehan d'Estouteville, seigneur de Bricquebec
1450-1479

Depuis la publication de nos Capitaines et Gouverneurs du château de Saint-Lo pendant la guerre de Cent-Ans, en 1901, M. de la Morandière a fait paraître un ouvrage fort important, sur la maison d'Estouteville (Paris, 1903).

Il y parle très longuement de Jean d'Estouteville, le second fils de Louis d'Estouteville, l'illustre défenseur du Mont-Saint-Michel. Désigné constamment par les chroniqueurs sous la qualification de sire de Bricquebec, tandis que son aîné, Michel, n'est connu que sous le nom de M. de Moyon, ce guerrier, qui fut plus tard admis dans l'intimité du roi Louis XI, suivit toujours les armées françaises dans les luttes qui surgirent sous les règnes de ce prince et de son père, Charles VII.

Bricquebec fut donc en grande faveur près de ces deux souverains, et il en obtint notamment la capitainerie du Mont-Saint-Michel, à la mort de son père, survenue le 21 août 1464.

M. de la Morandière a même fait le portrait de Bricquebec, qu'il nous a dépeint comme l'un des héros de la *Journée dite des Bouteilles* (29 août 1475) — « où le Roy envoya au roy

---

(1) Catalogue n° 133. Années 1903-1904, p. 45.
(2) Creully, chef-lieu de canton dans l'arrondissement de Caen (Calvados).

d'Angleterre trois cents chariots de vins des meilleurs qu'il fût possible de trouver ».

D'après Philippe de Commines, l'historien de Louis XI, Bricquebec apparaît à l'entrevue des deux rois sous un aspect ventripotent, apoplectique et le nez rouge. Hissé sur deux jambes courtes et pentelantes, il doit être d'une stature peu élevée, mais comme un véritable personnage de l'une des kermesses de Teniers et fort loin de l'idéal romantique du Mont-Saint-Michel. Surtout, ce qu'il faut dire également, c'est qu'il sert son prince comme celui-ci veut être servi. Bricquebec, dans ces agapes, sait se multiplier, et les Anglais fort satisfaits des bons vins de France qu'il leur a versés en abondance, et des beaux écus d'or qu'ils ont encaissés dans leurs coffres, acceptent enfin une trêve de neuf ans, conclue le 13 septembre 1475. En récompense de ses officieux services, Bricquebec voit alors ses pensions, qui jusque-là n'ont été que de 3.000 livres tournois, s'élever à 7.000 livres.

Malgré de nombreux détails sur ce guerrier, M. de la Morandière n'a cependant dit nulle part qu'il ait eu le titre de capitaine de Saint-Lo. M. le président Lepingard, d'après les Archives de la Manche, nous en a donné cependant l'affirmation, et tout nous autorise à croire qu'il en conserva le gouvernement depuis la pacification de la Normandie (1450) jusqu'à sa mort, survenue le 10 décembre 1479.

PIÈCES JUSTIFICATIVES

N° 1.

COMMISSION DE CAPITAINE DE SAINT-LO
(*9 février 1384*)

Charles, par la grâce de Dieu, roi de France.

A tous ceulx qui ces présentes lettres verront, salut.

Scavoir faisons que, comme le cappitaine de nostre ville de Sainct-Lo, pour le bien et seureté de la dicte ville, par le conseil et assentement des bourgeois et habitans ou de la plus saine partie diceulx, ayt faict et ordené connestable de la dicte ville nostre bien amé Jehan de la Hazardière, escuyer :

Nous, pour le bon rapport que nous avons eu de sa personne, et pour la contemplation des bons et agréables services qu'il nous a faicts dans noz guerres, et par especial dans la dèrnière chevauchée que nous avons faicte en Flandre, et que nous espérons qu'il nous faira pour l'advenir, le dict office de connestable avons confirmé et par ces presenter confirmons, et de nouvel le donnons, si mectier est, au dict escuyer, pour icelluy office tenir et exercer aux gaiges, prouficts et émoluments accoutusmez, au cas où le dict capitaine peult de son droict mettre connestable en icelle ville.

Si donnons en mandement, par la teneur de ces présentes, au bailly de Constantin ou son lieutenant, que du dict office fasse saisir et jouir et user paisiblement le dict escuyer, au cas susdict, et lui fasse faire satisfaction en payement des dicts gaiges par ceulx à qui il appartiendra, en les contreignant à ce par toutes voyes deues et raisonnables.

En tesmoing nous avons faict mettre notre scel ordinaire a ces présentes en l'absence du grand.

Donné à Paris le IX° jour de febvrier l'an de graces mil ccc iiii ˣˣ troys (nouveau style 1384), et de nostre regne le IX°.

Ce même acte fut vu, lu et confirmé par ce même roi, le 17 février 1391 (1392 n. s.), et de son règne le onzième.

(Toustain de Billy, *Mémoire sur Saint-Lo*, p. 47).

N° 2

QUITTANCE DÉLIVRÉE PAR GUILLAUME DE LA POLE, COMTE DE SUFFOLK, DE LA SOMME DE 1122 LIVRES TOURNOIS

Datée de Saint-Lo, le 4 avril 1429 (n. st. 1430)

(Bibliothèque Nationale. Fonds Français. 28,802. Cabinet des Titres. Pièces Originales. 2,318. Dossier. 52,327. N° 14).

Nous Guillaume de La Pole, comte de Suffolk et de Dreux, lieutenant du Roy, nostre Sire et souverain Seigneur, pour le faict de la guerre ès bailliages de Caen et Costentin, donnons quittance de 1122 livres ung sol huict deniers tournois pour prest et payement des gaiges et regars des hommes d'armes soubz nos ordres.

Donné à Saint-Lo, le quatre apvril, avant Pasques, l'an mil cccc et vingts neuf.

Par Monseigneur le comte. *Signé* : Depasse.

Scellé du grand sceau de cire rouge.

Original, parchemin.

N° 3

COMMISSION DE LA CAPITAINERIE DE SAINT-LO
POUR EDOUARD WEURE

Rouen, le 17 novembre 1429

(Bibliothèque Nationale. Fonds Français. 29,533. Cabinet des Titres. Pièces originales. 3,049. Dossier 67,842).

Extrait par analyse. — *Vidimus* délivré, le 8 février 1430 (n. st.), par le garde du scel des obligations de la vicomté de Carentan, d'une *endenture* scellée du sceau du duc de Bedford, régent du royaume de France, portant « qu'entre le duc de Bedford, d'une part, et Messire Edouard Weure, chevalier, d'autre part, fut arrêté ceci :

2

« Ledit Messire Edouard est demeuré devers ledit seigneur le Régent, lequel l'a *nouvellement* fait, ordonné et retient *capitaine de la ville et forteresse de Saint-Loo* et lui a baillé en garde icelle pour et en nom du Roy nostre souverain seigneur du jour duy, date de ceste presente endenture, jusques au jour de Sainct-Michel prouchain venant, qui sera l'an mil quatre cens et trente.

« Parmy ce que en ladicte place et à la sauve garde d'icelle, le dict chevalier aura et tendra continuement cinq hommes d'armes et quinze archiers à cheval, sa personne en ce comprise et cinq hommes d'armes et quinze archiers à pié, montez, armez, esquipez bien et souffisamment comme à leur estat appartient. Pour lesquelx ledict chevalier prendra gaiges, etc.,

« Lesquelles choses le dict capitaine a promis et promet de garder bien et loyalement à son povoir la dicte ville et forteresse de Saint-Loo au compteux et prouffit du Roy nostre Sire et de mon dict sieur le Régent et en leur obéissance de nous la livrer sinon aux dicts seigneur ou à leur instant commandement le dit temps durant. Et icelles restituer et délaisser le dit jour de Sainct Michel à celui à qui il plaira aus dicts seigneur ordonner.

« En tesmoing de ce de la partie de ceste endenture demeurant devers le dict temps mon dict sieur le Régent a faict mettre son sceel.

« Donné à Rouen, le xviie jour de novembre, l'an de grâce mil cccc vingt et neuf.

« Ainsi signé par Monseigneur le Régent le Royaume de France, duc de Bedford. *Signé* : Bradshawe.

« En tesmoing de laquelle chose nous garde dessus dict avons scellé cest présent transcript du sceel des dictes obligacions, le viiie jour de febvrier, l'an de grâce mil cccc vingt neuf (nouveau style 1430).

« Collation faite. *Signé* : Cauvelande. »

Nota. — Cette charte est très longue et réduite ici au tiers environ. Original, parchemin.

N° 4

Quittance de Jehan Harpeley, capitaine de Saint-Lo

Le 14 août mil cccc trente un

(Bibliothèque Nationale. Fonds Français. 27,971. Cabinet des Titres. Pièces originales, 1487. Dossier. 33,617. N° 6).

Nous Jehan Harpeley, chevalier, capitaine de Saint-Lo, promectons et nous soubzmectons par ces présentes de bien et deument payer les hommes d'armes et de trait de nostre retenue pour la sauvegarde dudict lieu de Saint-Lo pour le dict payement nous aistre fait par Pierre Surreau, receveur général de Normandie, pour ung quartz d'an finy le xxii\e jour de juing dernier passé et chacun d'eulx par testes sans fraude de leurs gages et regards dudict quartier et d'eulx envoyer audict receveur quitances bonnes et valables au premier et prouchain compte qui nous sera fait des gages et regards des gens de nostre dicte retenue, par lesquels il apparaîtra tous lesdicts hommes d'armes et de trait estre bien et deument payez de leurs dits gages et regards dudict quartier.

En tesmoing de ce, nous avons signé ces présentes de nostre saing manuel et scellées de nostre signet. Le quatorziesme jour d'aoust l'an mil cccc et trente ung. *Signature originale* : J. Harpeley.

Sceau coupé. Original, parchemin.

CHAPITRE II.

LES CAPITAINES DE SAINT-LO
DEPUIS LA GUERRE DE CENT-ANS JUSQU'A LA SUPPRESSION
DE LA FORTERESSE.

XXI. — GUILLAUME LE JOLIS
1489-1493

Aucune indication, autre que celle que nous a donnée M. le Président Lepingard, ne nous est connue sur Guillaume Le Jolis. Il a vu son nom cité, en 1489 et 1493, dans des actes des Archives de La Manche, avec cette qualification « d'écuyer, garde et capitaine de Saint-Lo (1). »

De notre côté, nous ne savons sur la famille Le Jolis rien au delà des lettres d'anoblissement que le roi Henri IV donna, en janvier 1595, à Guillaume Le Jolis, sieur du Jonquay.

Il y a une remarque à faire sur ces mêmes prénoms de Guillaume portés par deux personnages du même nom, à cent ans de distance, et nous nous demandons s'il ne serait pas possible que ce ne fût qu'un seul et même individu, puisque les dates, sauf celle d'un chiffre, seraient à peu près les mêmes. Cependant rien n'empêche qu'ils ne soient, l'un l'aïeul et le second le petit-fils. Nous sommes pourtant surpris que dans ces lettres de noblesse le nom du premier n'ait pas été rappelé.

Toutefois, l'anobli de 1595 était un homme d'une certaine valeur et il eût parfaitement pu mériter son élévation au commandement de la forteresse principale de son propre pays, fonction qu'il eût alors remplie en sous ordre, sous la direction

---

(1) *Archives de l'hôpital de Saint-Lo.* Registre de M. David Vaudevire.

supérieure de ses anciens chefs militaires le Maréchal de Matignon, ou le comte de Thorigny, Charles de Matignon, fils de celui-ci.

Archer des ordonnances du Roi, à la suite du comte de Thorigny, il avait pendant dix-huit ans, sous ces deux généraux en chef, aussi bien que sous le gouverneur de Cherbourg, le sieur de La Chaux, pris part à de nombreux faits de guerre et *d'assaults de villes*, tant en Normandie, qu'en Picardie. Au siège de La Fère, notamment, il s'était distingué plusieurs fois d'une façon exceptionnelle dans diverses rencontres, de même que lors de quelques autres sièges de forteresses. Ses actes de bravoure et de *courage*, attestés par ses chefs, lui méritèrent donc un brevet d'anoblissement pour lui et ses enfants. Aux lettres qui lui en furent délivrées se trouvaient décrites ses armoiries : *d'azur, au chevron d'or, accompagné de trois aigles d'argent aux ailes éployées.* L'écu était surmonté d'un casque de profil, orné de lambrequins d'azur, d'or et d'argent, avec *tête et col de licorne d'argent*, et *deux licornes* pour supports, *les têtes tournées en dehors.*

Ces actes furent enregistrés à la chambre des Comptes, le 28 mai 1596, puis à la cour des Aides de Normandie, le 21 janvier 1597 (1).

Guillaume Le Jolis, écuyer, prenait la qualification de sieur du Jonquay, qui fut plus tard remplacée par celle de Villiers-Fossard (2), que prit en mars 1693, son arrière petit-fils, François-Alexandre Le Jolis, capitaine de dragons, dans le régiment de Morsan.

Cette famille était, en 1817, représentée par François-Alexandre-Léonard ou Léonor Le Jolis de Villiers, alors député pour le département de la Manche, qui avait, le 2 septembre 1787, épousé Anne-Marie-Pierrette-Catherine de

---

(1) Bibl. Nationale. Manuscrits. Cabinet des Titres. Nouveau d'Hozier. 194. — Pièces originales, n° 1583.

(2) Villiers-Fossard, au canton de Saint-Clair-sur-l'Elle, arrondissement de Saint-Lo.

Géraldin, l'une des filles du dernier grand bailli du comté de Mortain.

Sous la réserve de nos observations, nous maintenons sous les dates de 1489 à 1493, le nom de Guillaume Le Jolis, sur la liste des capitaines de Saint-Lo.

XXII. — Jehan de Conteville
1495

D'après une communication de M. Lepingard, Jehan de Conteville, fils et héritier de Jourdain de Conteville, aurait été capitaine gouverneur de Saint-Lo. Avec cette simple donnée, nous ne pouvons indiquer nulle autre date que celle de sa mort en 1495. L'abbé Pigeon le signale également dans le nobiliaire qu'il a composé.

D'autre part, les Manuscrits de la Bibliothèque Nationale (1) ne nous révèlent que le nom d'Arthur de Conteville, écuyer, remplissant aux années 1497, 1503 et 1504, l'office de receveur ordinaire du domaine de Saint-Sauveur-Lendelin (2). Quelques autres pièces du même dossier, de 1509 et de 1515, ne regardent comme les précédentes que les comptabilités de Valognes, ou encore le bailliage de Saint-Sauveur-Lendelin.

Nous ne saurions comment rattacher ces Conteville à ceux du xi⁰ siècle qui donnèrent des comtes de Mortain.

XXIII. — François Herbert, seigneur de Bréan
1513-1525

Une sentence des pleds de Beuzeville (3), du 22 avril 1513, nous fait connaître que noble homme François Herbert, sei-

---

(1) Bibl. Nat. Manuscrits. Cabinet des Titres. Pièces orig. n° 845. Dossier 18,920.

(2) Chef-lieu de canton, arrondissement de Coutances (Manche).

(3) Dans l'arrondissement de Valognes se trouvent Beuzeville-au-Plain et Beuzeville-la-Bastille.

gneur de Bréan et baron de La Hogue, possesseur d'une vavassorie sise à Saint-Pellerin; canton de Carentan, fut capitaine de Saint-Lo.

Ce gentilhomme appartenait à une famille nombreuse, venue
de Picardie en Normandie, fort riche et dont la situation était
très considérable au commencement du xvi⁰ siècle, puisque
deux de ses frères furent : l'un, Geffroy Herbert, évêque de
Coutances, de 1478 à 1510 ; l'autre, Louis Herbert, évêque
d'Avanches, de 1511 à 1526. Leur généalogie leur donne plus
communénent le nom patronymique de Hébert, mais les listes
de nos évêques et divers actes originaux de la Bibliothèque
Nationale, y ajoutent la lettre *r* et l'orthographient Herbert.

D'après ce document (1), Jean Hébert, dit d'Assonvilliers (2),
receveur général des finances de Louis XI, eut sept enfants :
1⁰ l'aîné, Jean, seigueur d'Assonvilliers et baron de Courcy (3),
fut chambellan ordinaire de Louis XII et gouverneur de la
ville de Mortagne, au Perche, en 1522. Il épousa, en premières
noces, Jeanne de Semilly, et en deuxième mariage, le 28
septembre 1510, Marie de La Trémouille, dite de Lhiber-
gement, fille d'honneur de la reine Anne de Bretagne, qui
assista au mariage et fit à la jeune épouse, qu'elle avait élevée,
cadeau de 5,000 livres tournois. Jean fit son testament en
1516 (4) ; 2⁰ Geffroy, l'évêque de Coutances, qui acquit en
1507, la baronnie de Courcy, et fut président de l'Echiquier de
Normandie; 3⁰ Louis, l'évêque d'Avranches; 4⁰ François, dont
il s'agit ici ; 5⁰ Antoinette Hébert, femme de Claude Sanguin,

---

(1) Bibl. Nat. Manuscrits. Cabinet des Titres. Dossiers bleus,
352. Portefeuille 9.083.

(2) La seigneurie d'Assonvilliers se trouvait dans le comté de
Clermont, en Auvergne. — Jean Herbert mourut en 1484, et sa
femme, le 17 août 1510. Ils furent inhumés dans la chapelle
Saint-Jérome qu'ils avaient fait édifier en l'église Saint-Paul à
Paris.

(3) Courcy, au canton de Coutances (Manche).

(4) Le roi Louis XII, de son côté, dota son chambellan de
cinquante mille sous tournois. Bibl. Nat. Manuscrits. Fonds français, 31,068. Cab. des Titres. Cabinet d'Hozier, 187. Dossiers 4,748,
4,749.

seigneur de Basmont, vicomte de Neuchâtel, en 149o ;
6° Jeanne Hébert, femme d'Antoine de Sillaus, baron de
Creully, capitaine de Tombelaine ; 7° Marguerite Hébert,
femme de Jacques du Moulin, échanson du duc d'Orléans.

Jean fut le seul d'entre tous qui laissa une postérité. L'un de
ses enfants, Louis Hébert, eut l'évêque d'Avranches, son
oncle, pour son tuteur, en 1522. Plus tard, en 1545, il épousa
Gillette de Saint-Amadour, fille de Jean de Saint-Amadour,
vicomte de Guingamp.

Les armoiries des Herbert étaient *d'azur, au sautoir d'or,
cantonné de quatre merlettes de même* (1).

Quant à François Herbert, seigneur de Bréan et baron de
La Hogue, qui épousa Catherine Courtin, nous le voyons
figurer dans certains actes, qui tous lui donnent la qualification
de noble homme.

Ainsi, le 19 juin 1498, il avait donné à Jacques Hurault,
trésorier du Roi, quittance de 356 marcs, 2 gros, de vaisselle
d'argent (2).

En 1514, le 14 octobre, il acquiert de Pierre Dubois,
tailleur d'ymages, bourgeois de Paris, et de Marie de L'Orme,
sa femme, *ung arpent et demy de terre, en trois pièces, à
la mesurée, assis au terroir de Mietry (ou Mutry)* (3) *en
France*, plus une autre pièce d'un demi arpent, situé entre les
vignes *des Fontannes et le chemin des Reuilles*. Ces pièces
limitaient pour partie aux chanoines de Dampmartin. Le prix
de la vente était de trente livres tournois, payés comptant (4).

Un autre acte de 1518 prouve que François Herbert avait le
droit de percevoir une rente de *neuf solz parisis*, sur certaines
vignes existant aux mêmes lieux (5).

(1) Bibl. Nat. Mêmes indications. Doss. bleus, 352. F. F 9.083.
(2) Bibl. Nat. Manuscrits. Fonds français, 27.984. Cabinet des
Titres, 1,500. Dossier. 33,978, n° 9.
(3) Peut-être Mitry-Mory, arrondiss. de Meaux (Seine-et-Marne).
(4) Bibl. Nat. Mss. Cabinet des Titres. Pièces originales, 1,500.
Dossier 33,983, n° 10.
(5) Bibl. Nat. Mss. Cabinet des Titres. Pièces originales. 1,500.
Dossier 33,983, n° 12.

Quelques années plus tard, le capitaine de Saint-Lo paraît avoir fixé définitivement sa résidence à Paris, où bien probablement il avait pris sa retraite, à raison de son âge déjà avancé. Effectivement, d'après un acte du 17 novembre 1525, qui porte les signatures de deux notaires, il donne à titre *de ferme et moisson de grain*, à Jehan Le Sellier, laboureur, demeurant à Mietry ou Mutry en France, tout un domaine d'une certaine importance dépendant de la succession de la feue « *Damoiselle Jehanne Guérin* (1), *sa mère, et lui appartenant depuis le trespas de celle-ci* ». Ces biens consistent en maison, cour, *granche (grange), estables, bergeries et jardin, avec sept vingts dix arpens de terre, sis au lieu et terroir de Mutry.*

Voici du reste les conditions de ce contrat de louage : Sa durée était de douze années, pendant chacune desquelles le preneur devait livrer au bailleur, *en son hostel, à Paris,* au jour Saint-Martin d'hiver, la quantité *de sept muyts et demi de grain récolté, les deux pars blé froment et le tiers avoyne, mesure de Paris, bon grain loyal et marchand, à douze deniers par chacun an* (2).

XXIV. — Richard du Bois, seigneur de l'Epiney
1532

L'unique renseignement que nous possédons sur Richard du Bois, seigneur de l'Epiney, capitaine de Saint-Lo, nous le fait apparaître au milieu du brillant cortège qui se forma aux environs de la ville, pour y recevoir avec un grand apparat le roi François Ier, arrivant de Bayeux, le 15 avril 1532.

Le souverain résida deux jours à Saint-Lo, d'où il partit pour Hambye ; le 21 du même mois, il faisait son entrée à

----

(1) Jeanne Guérin descendait de N... Guérin, chancelier de France, vers 1273.

(2) Bibl. Nat. Mss. Cabinet des Titres. Pièces originales. 1509. Dossier 33,983, n° 13.

Coutances. Le but principal de ce voyage était la Bretagne : il dut aiors passer par Avranches.

Déjà nous avons rappelé quelques-uns des détails de cet évènement notabie (1), en nous appuyant sur les récits de Toustain de Billy et du procès-verbal de cette mémorable réception royale, publiée par M. Denis, avocat à Saint-Lo (2).

C'est ainsi que nous avons indiqué la composition du cortège du Roi qui était accompagné du Dauphin, de plusieurs princes et de divers dignitaires de la Cour.

Mais nous ne nous étions pas préoccupé de certains faits que nous tenons à rappeler ici.

Par exemple, nous n'avions pas dit que les préparatifs de la réception avaient été concertés dans de nombreuses réunions préliminaires du conseil de ville, auquel s'étaient réunis, en la Maison commune, bon nombre de notables habitants de Saint-Lo, pris dans le Clergé, dans l'ordre de la Noblesse et dans le Tiers-Etat.

Entre tous y figura naturellement noble homme Richard du Bois, chevalier, seigneur de l'Epiney-Tesson, capitaine du château de Saint-Lo, auquel incombait, de droit, un rôle principal dans la cérémonie. Il descendait de Jehan du Bois, qui vivait sous Charles VII, et qui avait épousé Françoise Tesson. Sa famille possédait la seigneurie de l'Epiney, dès le milieu du xive siècle.

D'un commun accord, ils arrêtèrent le cérémonial qui serait suivi et dont on connaît l'ensemble.

En effet, le cortège se rendit *sur l'ancien chemin de Bayeux, jusqu'à la barrière comme l'on va à la Léproserie de La Madeleine*, située à un kilomètre et demi de la ville de Saint-Lo. Les membres du clergé vêtus de chappes, avec croix et bannières, précédés des enfants des écoles, devaient, à l'ar-

---

(1) *Mémoires de la Société d'Archéologie de Saint-Lo*, 1902, T. XX, p. 13.
(2) Id Id. Id, 1868, T. III, p. 187. Sous le titre : *François Ier à Saint-Lo*.

rivée du Roi, chanter le *Te Deum*. Venaient ensuite, les bourgeois et les habitants de la ville, montés à cheval et rangés deux à deux, en bon ordre, puis le capitaine de la forteresse de Saint-Lo, Richard du Bois et noble homme Jean de Sainte-Marie, seigneur d'Agneaux, son lieutenant et *connestable*, suivis de bien d'autres qui, arrivés dès trois heures de l'après midi, attendirent jusqu'à environ six heures du soir.

A cet instant, dit le procès-verbal, le sieur du Bois, capitaine de la forteresse, s'avança vers Sa Majesté, « lui rendant et faisant l'obéissance qu'il devoit ».

« Et par semblable se présenta devant le Roy, Denis Périer, bourgeois et l'un des ordonnés de la ville, lequel présenta au Roy de la part de la ville, les clefs des chaisnes de la dite cité ; lesquelles clefs, tant des portes que des dites chaisnes furent rendues et laissées par le Roy, respectivement aux dits capitaine et bourgeois, pour les garder, faire et user ainsi que d'ancienneté ».

Après un assez bref discours du souverain, le cortège suivi d'une troupe d'arquebusiers, en bel et bon ordre, sous le commandement de Richard de Pelvey (Pellevé), seigneur de Tracy, prit la direction de la ville.

Son arrivée sous les remparts fut alors le signal de l'explosion générale de toutes les pièces d'artillerie, tant *grosses* que *petites*, qui garnissaient les bords des fossés et des murailles de la forteresse redoutable, aussi bien que celles de l'enceinte de la ville. Cette artillerie se composait de *vingt-cinq couleuvrines à croc*.

Enfin sur la porte de la cité, dominant le pont jeté sur la Vire, *furent tirées dix-huit bouettes d'artillerie, tant grosses que petites, qui firent merveilleuses et grandes tempestes*. On s'explique facilement quel tapage durent produire de telles explosions.

Entré dans l'enceinte de la cité, un dais ou poële de damas rouge, avec pendants de soie rouge, de la largeur de deux aunes et demie et de la longueur de deux aunes, fut porté par quatre bourgeois au-dessus de la tête du Roi, « *qui fut conduit ainsi jusqu'à l'entrée de la Cour de l'Evesque, où le dit Sire fust logé* ».

Nous avions pensé tout d'abord que François Ier avait dû, comme plusieurs de ses successeurs, séjourner à Saint-Lo dans la forteresse même. Quelques auteurs, notamment Toustain de Billy, leur avaient assigné le logis de La Vaucelle, tandis que le procès-verbal de la visite royale de 1532 indiquait d'une façon précise et formelle le Palais Episcopal, désigné sous le nom de La Cour L'Evesque, édifié, rebati ou restauré, à la fin du xve siècle par Geoffroy Herbert, qui fut évêque de Coutances, de 1478 à 1510. Cette habitation devait être en 1532 en fort bon état. Il n'en reste plus aujourd'hui qu'une très minime partie, qui est contigüe au chevet de l'église Notre-Dame ; le surplus a été démoli vers 1750 ou 1760.

Richard du Bois et son lieutenant de Sainte-Marie, durent occuper ensemble à Saint-Lo, jusqu'en 1561, le premier, la charge de capitaine de la forteresse, le deuxième, celle de son lieutenant, d'après Toustain de Billy (1).

Cela constituait pour eux un exercice de trente années au moins, ce qui était fort possible. Cependant il faut admettre quelques interruptions à cette durée, à raison des troubles civils de cette époque tourmentée. Nous sommes persuadé qu'il y a là une méprise de Toustain de Billy qui a confondu Du Bois de l'Espiney avec Du Bois d'Elle. Ce sont deux hommes différents qui appartenaient à deux familles bien distinctes l'une de l'autre.

XXV. — JEAN DE SAINTE-MARIE, SEIGNEUR D'AGNEAUX
1532-1542

Les documents abondent sur la famille de Sainte-Marie, l'une des principales de notre Basse-Normandie. Nous pou-

---

(1) *Mémoires sur Saint-Lo*, p. 84.

vons croire même, d'après les Manuscrits de la Bibliothèque
Nationale, que dans le Cotentin il s'en est trouvé deux différentes portant ce nom, et qui ont du se différencier par la
dénomination de Sainte-Marie d'Agneaux (1) et de Sainte-
Marie d'Esquilly (2).

La généalogie des Sainte-Marie d'Agneaux (3) revendique
pour eux Jean de Sainte-Marie, seigneur d'Agneaux et de
Canchy, qui fut lieutenant du capitaine de Saint-Lo, en 1532
et 1542.

A cette dernière date, et en cette qualité, il fit exécuter, le
5 décembre 1542, par les habitants de cette ville, l'ordre qui
lui avait été donné le 28 novembre précédent, par Charles de
Mouy, vice-amiral de France, et lieutenant général pour le
Roi en Normandie. Cette mesure concernait la règlementation
des portes, ponts, chaussées et barrières de Saint-Lo.

Le procès-verbal de la venue de François Ier à Saint-Lo, en
avril 1532, le qualifie lieutenant et connétable de Richard Du
Boys, capitaine de Saint-Lo. A propos de Jean de la Hazardière, nous avons indiqué le sens réel que nous attachons à
cette qualification de connétable. Mais la généalogie, déjà
citée, doit commettre une erreur en qualifiant Jean de Sainte-
Marie de *lieutenant général* du capitaine de Saint-Lo : ce doit
être dans un but laudatif et inexact que ce terme a été employé
par l'employé héraldiste.

L'historien de Saint-Lo (1) rapportant le témoignage d'un
jeune homme, âgé de 17 ans, dit que vers la fin de l'année
1561, Sainte-Marie d'Agneaux était lieutenant de Lespiné-
Du Boys, qui était capitaine de Saint-Lo, se fit huguenot et fit
surprendre la ville par Montgommery. Le roi Charles IX
ayant envoyé une armée de Bretons, commandés par le duc
d'Etampes, la cité fut bientôt reprise d'assaut. Mais un an

____

(1) Agneaux est au canton de Saint-Lo (Manche).
(2) Esquilly, canton de Bréhal, arrondissement de Coutances
(Manche).
(3) Bibl. Nat. Mss. Cab. des Titres. F. Franç. 29,245. p. orig. 2761.
Port. 64,650, p. 41.

après, Saint-Lo fut reconquis sur les Bretons par le même Montgommery.

C'est dans ces circonstances, c'est-à-dire en 1561, que Du Bois reçut la capitainerie de Saint-Lo, pour récompense de son abjuration. D'un caractère plus doux que Montgommery, ce nouveau chef des novateurs, devenu gouverneur de la place, modéra les désordres qui furent beaucoup moins graves qu'à Caen et que dans d'autres villes. Les emportements et les violences ne lui plaisaient pas, dit Toustain de Billy (2), *et quand il se vit maître de Saint-Lo*, ajoute notre chroniqueur, *et chef du parti le plus fort, il songea seulement à s'y maintenir et à s'y fortifier en cas qu'on entreprît de l'en déloger.*

Il dut conserver ce gouvernement pendant fort peu de temps, puisque au dire de plusieurs témoins, Perrette Leroi et Jean Louis, un nommé Cantrainne fut bientôt le capitaine des Huguenots, et bien probablement le capitaine du château de Saint-Lo.

Du reste, dès que Matignon eut repris possession de la ville, au moyen du corps d'armée venu de Bretagne, la Cour lui transmit ses instructions lui ordonnant de chasser Sainte-Marie de Saint-Lo, non par la force, mais par adresse (3). Naturalisé dans cette place depuis plus de trente années, il devait y avoir une certaine influence et il fallait le ménager et avoir même quelques égards pour lui.

Mais plus tard et dans une dernière circonstance, d'Agneaux se trouva encore mêlé aux évènements relatifs à Saint-Lo.

Ce fut en 1574, au moment où Matignon arriva devant la forteresse redoutable, pour en faire le siège. Or il prévoyait que la défense en serait énergique, car il n'ignorait pas qu'elle était pourvue de très nombreux belligérants. Le général eut recours à la ruse et à l'adresse pour rendre la résistance moins

---

(1) Toustain de Billy, *Mémoire sur Saint-Lo*, p. 84.
(2)   Id.   id.   p. 80.
(3)   Id.   id.   p. 86.

opiniâtre. C'est Toustain de Billy (1) qui nous fait connaître le moyen qu'il sut employer:

« Il envoya un courrier à Rampan-Clérel, voisin de Saint-Lo, « et lui manda que son dessein étoit d'assiéger Carentan. Il le « pria en même temps, lui et Sainte-Marie d'Agneaux, de « venir le trouver, avec ce que l'un et l'autre pourroient « ramasser de leurs amis. Mais surtout qu'ils eussent à tenir « la chose secrète, jusqu'à ce qu'il eût passé le Vey, où il alloit.

« Connoissant le génie de Sainte-Marie, qui étoit Huguenot, « mais en secret, paroissant à l'extérieur dans les intérêts du « Roy, Matignon eut l'idée qu'il ne manqueroit pas de révéler « au moment mesme ce prétendu secret à Montgommery et à « Colombières, ses amis ».

En effet, ceux-ci affaiblirent la garnison de Saint-Lo, en en détachant cinq cents hommes qu'ils expédièrent aussitôt à Carentan. C'était ce que souhaitait Matignon. Ses adversaires étaient tombés dans le traquenard qu'il leur avait ainsi tendu. C'était de bonne guerre.

XXVI. — Christophe de Lospital, sieur de La Rouardière

1553

D'après les précieuses indications que nous avons reçues de M. Lepingard, et qu'il a bien certainement puisées aux Archives de la Manche, Christophe de Lospital, sieur de la Rouardière, serait mort capitaine de Saint-Lo. Notre aimable correspondant nous a en même temps indiqué la date du 7 décembre 1553, mais sans préciser si ce serait celle de sa mort, ou bien de la pièce à laquelle il y a lieu de se reporter. Toujours est-il que nous n'avons vu nulle part la moindre trace de ce capitaine.

---

(1) Toustain de Billy, *Mémoire sur Saint-Lo*, p. 93.

XXVII.— N... de Bricqueville, seigneur de Laulne
1553

A deux reprises, ou plutôt dans trois circonstances notables, le nom de Bricqueville se trouva mêlé d'une manière intime aux évènements qui concernent le château de Saint-Lo. Notre devoir est donc de faire la part des incidents qui les accompagnent.

S'agit-il d'un seul et même personnage ? Bien que les prénoms soient les mêmes, nous n'osons l'affirmer parce qu'il y eut plusieurs branches dans cette famille. Chacune d'elles fut surtout distinguée par des dénominations différentes. Ainsi, François de Bricqueville qui nous a été signalé comme capitaine de Saint-Lo, en 1553, est désigné sous la spécification de seigneur châtelain de Laulne et Auzeboscq (1) Au contraire, François de Bricqueville, le lieutenant de Montgommery, est plutôt connu sous la qualification de baron de Colombières. Celui-ci a conquis une certaine célébrité : nous parlerons de lui avec quelques détails.

Pour le seigneur de Laulne, qui nous apparaît à la date de 1553, nous ne savons rien, car nous ne voyons quoique ce soit qui puisse fixer l'attention à son égard.

XXVIII. — Jean de Sainte-Marie d'Agneaux
1561-1562

Pour mémoire, nous rappelons que Jean de Sainte-Marie-d'Agneaux que nous avons classé précédemment (2) comme lieutenant et connétable de Richard Du Boys, fut capitaine de la citadelle de Saint-Lo pendant très peu de temps, vers

---

(1) Nous ne connaissons qu'une paroisse d'Auzebosq, dans l'ar·rondissement d'Yvetot.
(2) Voir le n° XXV de nos capitaines de Saint-Lo.

1561-1562. Nous croyons bon de lui donner en conséquence un numéro double.

XXIX. — Michel du Bois d'Elle, dit Canterayne
1561-1562

Une enquête faite vers l'année 1631, dans laquelle figurent Perrette Leroi, âgée de 84 ans, aussi bien que Jean Louis, âgé de 87 années, révèle qu'au temps où les Bretons vinrent faire le siège de la forteresse de Saint-Lo sur les Calvinistes, qui s'en étaient emparés l'année précédente, un nommé Cantrainne ou Canterayne était dans cette ville capitaine des insurgés, sous le seigneur de Montgommery. Perrette Leroi ajouta de plus à sa déposition que les Huguenots avaient formé le projet de tuer Lucas Du Chemin, qui habitait sa terre de La Vaucelle, près de la cité. Ils incendièrent alors tous les ornements de la chapelle Sainte-Pernelle, où l'on allait beaucoup en pélerinage (1).

Jean Louis fut encore plus précis dans ses déclarations. Il affirma que Miette-Groucy et Cantrainne faisaient à Saint-Lo et aux environs toutes sortes d'outrages et de violences aux prêtres et aux catholiques : « Pourquoi le Roi envoya une « armée de Bretagne assiéger la dicte ville de Saint-Lo qui « fut prise d'assaut, » mais un an après elle fut reconquise sur les Bretons par Montgommery (2).

Cela nous reporte parfaitement au mois de septembre 1562, où le capitaine Michel du Bois d'Elle, dit Canterayne défendit énergiquement Saint-Lo contre l'armée royale commandée par le duc d'Etampes et Matignon (3).

Canterayne était en 1591, capitaine d'une compagnie

(1) Toustain de Billy, *Mémoire sur Saint-Lo*, p. 83.
(2)   Id.   id.   p. 84.
(3) M. Lepingard, *Notes au procès-verbal des troubles de Saint-Lo*, p. 41.

d'arquebusiers et faisait partie de la garnison de Saint-Valery (1).

XXX. — Miette de Groucy
1561-1562

Si nous avons admis Canterayne au nombre des capitaines de Saint-Lo, Miette de Groucy, son compagnon d'armes et son coreligionnaire, doit y figurer au même titre, puisque d'après l'historien principal de cette ville, Toustain de Billy, ils s'y partagèrent l'autorité, jusqu'au moment où ils furent expulsés l'un et l'autre ensemble de cette vaillante forteresse. Ces deux guerriers ne doivent donc pas être séparés, dès qu'ils combattirent pour la même cause et unirent leurs efforts.

Rien de plus précis sur Miette ne nous est connu. Cependant, les documents abondent sur cette famille Miette, qui appartient depuis des siècles à la région Saint-Loise. Nous les puisons surtout dans un précieux manuscrit de la Bibliothèque de Rouen, où il se trouve classé au *Fonds de Martinville*.

Il nous apprend que le 28 juillet 1523, Mathurin Miette, écuyer, sieur de Groucy, produisit ses justifications devant les Elus de Saint-Lo, pour y réclamer ses privilèges de gentilhomme et leur maintien en sa faveur.

Mathurin, en effet, affirmait que Perrin Miette, son aïeul, avait profité des faveurs de la charte des Francs-Fiefs, promulguée à Paris, le 3 janvier 1470, par le roi Louis XI. En qualité de possesseur du fief de Boscbramy, précédemment nommé de Bonneville, ou de Saint-Vaast, situé *terroir de Saint-Vaast*, il avait au nom de cette charte réclamé le droit de l'anoblissement qui lui demeurait acquis *ipso facto*. Il présentait donc les pièces de l'enregistrement régulier de sa demande, ainsi que la quittance des droits fiscaux perçus par le receveur, le 2 décembre 1471.

(1) Saint-Valery-sur-Somme. — *Lettres de Henri IV*, 1er décembre 1591, T. III, p. 23.

En outre, Gilles Miette, père de Mathurin, avait appartenu à l'administration supérieure et royale de la Monnaie de Saint-Lo. Ce lui était un double titre, car de même que les gentishommes verriers, les employés des ateliers monétaires français jouissaient, croyons-nous, des privilèges de la noblesse. En tout cas, ils se trouvaient exempts de toutes « tailles, fouages, aides de ville, quatrièmes, huitièmes, douanes et assiettes d'impôts, impositions, pacages, passages, services d'ost, chevances, guet et gardes de postes, emprunt et tous autres impôts, subsides et subjections quelconques », qui constituaient l'arsenal du fisc et frappaient la classe des *vilains*, aux termes d'une charte spéciale d'août 1494, édictée par Charles VIII.

Mathurin Miette avait été reçu lui-même monnoyer à la monnaie de Saint-Lo, où il avait produit son chef-d'œuvre en mai 1500.

A titre additionnel et complémentaire, ajoutons que le nom de Lérie avait été celui de cette famille avant qu'elle adoptât la dénomination de Miette. Plus tard, encore, en 1603, elle obtint de la chancellerie des lettres de commutation de ce nom de Miette, en celui de Lauberie.

Chamillart, en 1667 maintint dans tous ses droits Jacques de Lauberie, écuyer, seigneur et patron du Mesnil-Raoult, alors âgé de 45 ans, et demeurant à Geffosses. Il constata parfaitement que les noms de ses auteurs étaient bien autrefois Lérie et Miette.

Leur blason était *de gueules à trois moutons passants d'or, posées 2 et 1* (1).

XXXI. — LE CAPITAINE LA BRETONNIÈRE
1563

Ici nous devons inscrire le nom du capitaine La Bretonnière, sur la foi d'Aristide Guilbert qui n'a pas fait connaître les sources auxquelles il a puisé.

---

(1) Chamillart, *Réforme de la Généralité de Caen.* p. 654. — La Chesnaye-Desbois et Badier, *Dictionnaire de la Noblesse.*

D'après cet auteur, notre nouveau capitaine prendrait rang immédiatement après les luttes ardentes que provoquèrent, dans l'intervalle de deux ou trois années (1560-1563), l'occupation successive de la citadelle de Saint-Lo, tour à tour par les Protestants et les Catholiques ; ce fut comme un jeu de paume entre les divers partis.

Cela se passait après la mort du roi François II, et dans les premiers temps de la minorité de Charles IX.

Guilbert a narré ces faits dans un récit alerte dont nous rappelons les diverses phases :

« Les Protestants se saisirent ouvertement, au mois de mai 1562, de la forteresse de Saint-Lo ; ils mirent à feu et à sac les églises ainsi que les maisons de leurs principaux adversaires et travaillèrent à restaurer les fortifications, pour en faire un des boulevards du protestantisme dans le Cotentin.

« Mais le comte de Matignon, l'un des chefs des Catholiques de la Normandie, la leur enleva quelque temps après, avec l'aide du duc d'Etampes et de ses Bretons, et y exerça de cruelles représailles.

« L'année suivante, La Bretonnière, à qui Matignon en avait confié la garde, prenant l'alarme, s'enfuit avec la garnison sur un faux bruit que toute l'armée des Protestants était en marche pour en venir faire le siège.

« Montgommery courut sur le champ à Saint-Lo, et comme les forces des Religionnaires n'avaient guère diminué, il put y entrer sans coup férir. Les vengeances qu'il tira des Catholiques furent sanglantes.

« Deux édits de pacification replacèrent tour à tour Saint-Lo sous l'obéissance du Roi (1563-1570) (1). »

Il est regrettable, nous le répétons, que cet historien n'ait pas fait connaître d'autres détails sur ce capitaine La Bretonnière.

---

(1) Guilbert, *Histoire des villes de France*, T. V, p. 733. — Saint-Lo.

XXXII. — Nicolas de Chauraiz
1570

L'existence du capitaine Nicolas de Chauraiz nous est révélée par les lettres de commission délivrées le 19 juin 1570 à Georges de Mathan. Elles disent en termes formels que la fonction de capitaine de Saint-Lo était vacante par suite du décès de Nicolas de Chauraiz, sieur de Cherperimé (1).

Les manuscrits de la Bibliothèque Nationale indiquent bien une famille du même nom, seulement elle appartient à la Touraine et les peu nombreuses indications qu'on trouve ne portent sur aucun personnage ayant le prénom de Nicolas, ni de seigneur de Cherperimé. Quant à ce domaine, nous n'avons rencontré nulle part de dénomination semblable.

XXXIII. — Georges de Mathan, seigneur de Semilly
1570-1584

Georges de Mathan, capitaine du château de Saint-Lo, fut l'une des premières victimes des guerres de religion en notre Basse-Normandie. A ce titre, il réclame une étude particulière, car il fut l'objet de l'un des épisodes les plus imprévus et les plus violents de cette époque féconde en faits étranges.

Fils de Nicolas de Mathan, chevalier, baron de Saint-Ouen-le-Brisoult, châtelain de Mathan (2), de Semilly, de Coulons etc, et de Marguerite, ou d'après d'autres de Madeleine d'Espinay, fille de Henri d'Espinay, chambellan du roi Louis XII, il avait épousé en premier mariage, le 4 juillet 1551, Claude des Asses, fille de Claude des Asses, conseiller au parlement de Paris (3); puis en deuxièmes noces, en 1583,

---

(1) Bibl. Nat. Cabinet des Titres. Chérin, 132, n° 21.
(2) Le fief de Mathan était situé sur la rivière de l'*Odon*, près de l'abbaye d'Aunay, à six lieues de Caen.
(3) Contrat de Le Manier et Soullard, notaires à Noyon, au bailliage de Vermandois. — Bibl. Nat. Manuscrits. Cabinet des Titres. Nouveau d'Hozier, n° 228.

Françoise de Créquy, sœur de Jean de Créquy, seigneur de Raimboval (1). De son premier lit, il eut quatre enfants et six du second.

Né en 1528, et tout jeune encore en 1551, Georges, le troisième enfant issu d'un deuxième mariage avait l'honneur d'appartenir par sa propre mère aux maisons royales de Valois et de Bourbon, aussi bien qu'à celle de Lorraine. Dans ces conditions, il devait compter sur une brillante carrière militaire, grâce aux faveurs de la Cour et de sa très grande distinction personnelle.

Incorporé dans les légions de l'arrière-ban du bailliage de Caen, il fut bientôt cornette du capitaine-commandant de cette compagnie. Cependant il lui fallut obtenir du Roi des lettres de surséance, au moment de partir pour le service de Sa Majesté, hors du Royaume. Le brevet était daté de Rouen, le 17 novembre 1555 (2). Plus tard, il fut maître d'hôtel ordinaire et intendant du duc et de la duchesse de Longueville et d'Estouteville (3). Quatre mois après son mariage avec Françoise de Créquy, par brevet du Roi, daté d'Argentan, le 19 juin 1570, il recevait la capitainerie de la ville de Saint-Lo, vacante par le décès de Nicolas de Chauraiz, sieur de Cherperimé. Enfin, le 3 juillet suivant, Georges de Mathan obtenait de Charles IX, sa nomination de chevalier de l'ordre de Saint-Michel, dont la commission, contresignée *de Neufville*, lui était expédiée de Gaillon. Le même jour mission spéciale était donnée au duc de Longueville de conférer au titulaire les insignes de cette distinction et de procéder à la réception officielle du nouveau dignitaire (4).

---

(1) Bibl. Nat. Manuscrits. Cabinet des Titres. Pièces orig. 1887. — Chérin, 132. f° 21.

(2) Bibl. Nat. Manuscrits. Cabinet des Titres. Nouveau d'Hozier.

(3) Marie de Bourbon, duchesse de Longueville et d'Estouteville, était également comtesse souveraine de Neuchâtel.

(*) Bibl. Nat. Manuscrits. Cabinet des Titres. — Chérin 132. f° 21. Original sur parchemin.

(4) Bibl. Nat. Manuscrits. Cabinet des Titres. Carrés d'Hozier, n° 420. — Chérin 132.

Georges de Mathan résigna son titre de capitaine de Saint-Lo dès les premiers mois de 1584, en faveur d'Adrien de Mathan, son fils, puisque la commission de celui-ci est du 9 juin. Cependant il est à noter qu'il ne mourut qu'en 1595.

Nous ne saurions affirmer si, dès 1584, il était gentilhomme de la chambre du Roi. Mais il en avait toujours le titre lorsque, le 26 février 1593, il fit au château de Semilly, qu'il habitait, son testament qui fut reçu par Pierre La Quièze et Jean Guillaumette, tabellions royaux de la sergenterie de Saint-Clair. Dans cet acte, il avait fait plusieurs legs pieux, notamment au profit de l'Hôtel-Dieu de la Trinité, fondé par son père, en la paroisse de Saint-Pierre-de-Semilly (1).

Il mourut le 15 février 1595, âgé de 67 ans. Son inhumation se fit dans l'église de Semilly, où l'on voit son tombeau, près de celui de Claude des Asses, sa première femme, morte le 27 janvier 1569, âgée de 36 ans, et dont il avait eu douze enfants (2).

Le partage de sa succession s'opéra le 6 mars suivant, entre ses quatre fils Adrien, Robert, Joachim et Jacques de Mathan, qui réglèrent en même temps le douaire de Françoise de Créquy, leur belle-mère, par acte passé devant de La Quièze et Guillaumette, notaires (3).

Ce capitaine de Saint-Lo avait formé la tige des seigneurs de Semilly, qui se sont perpétués jusqu'à nos jours et se trouvent représentés dans notre Société par notre distingué collègue, le comte Jean de Mathan.

Leur blason est *de gueules à deux jumelles d'or, au lion d'or passant, en chef, armé et lampassé de même.* Devise: *Au fidel rien ne fault* (4).

Deux mots encore sur la famille de Mathan : Dès le 6 mai 1519, Nicolas de Mathan, père de Georges, avait fait à Fran-

---

(1) Bibl. Nat. Manuscrits. Cabinet des Titres.
(2) La Chesnaye-Desbois et Badier, *Dictionnaire de la noblesse de France.*
(3) Bibl. Nat. Manuscrits. Cabinet des Titres. Pièces originales, 1887. f° 64. — Et carrés d'Hozier, n° 420.
(4) Bibl. Nat. Mss. Cabinet des Titres. Dossiers bleus. 434.

çois Ier l'hommage du fief de Semilly. A la mort de Madeleine d'Espinay, veuve de Nicolas, survenue le 20 janvier 1538, la garde noble de leurs neuf enfants mineurs fut déléguée par le Roi à Catherine d'Estouteville, leur aïeule maternelle (1).

Le fait le plus notable de l'existence de Georges de Mathan, fut peut-être le coup de main qui le dépouilla par surprise de son titre de capitaine du château de Saint-Lo.

Ce fût presque au début de la septième reprise des guerres de religion en Normandie, qui se manifesta dans des circonstances bien connues que nous voulons rapidement rappeler.

C'est à La Rochelle que la plupart des chefs des Huguenots vinrent chercher un refuge. Montgommery fut l'un d'eux. Poursuivis vainement par l'armée catholique du duc d'Anjou (2), qui sacrifia la vaillante cité, défendue par Lansac, les rebelles obtinrent un traité de paix qui leur assura plusieurs places fortes (1573).

Peu après, au printemps de l'année suivante, Montgommery organisa, dans les îles de Jersey et de Guernesey, une nouvelle insurrection, pour laquelle il compta de très nombreuses adhésions dans la presqu'île du Cotentin et dans ses principales villes, notamment à Saint-Lo De son point d'observation, au jour choisi par lui pour en venir prendre la direction suprême, il lui suffira d'un bon vent favorable, et, tout au plus de quelques heures pour la traversée. D'ailleurs ses lieutenants sont envoyés à l'avance par lui sur le terrain où tous attendent le signal.

Mais au gré des impatients, il se fait attendre et c'est de Saint-Lo que part la première fusée qui éclate le 2 mars 1574. Le premier drame qui s'y déroule proclame cette ville comme le rempart de la cause protestante. La scène se passe au centre de la citadelle, dans les locaux mêmes du gouverneur, où les insurgés font irruption dès la première heure. Par

(1) Bibl. Nat. Chérin, 132.
(2) Il devint plus tard le roi Henri III.

surprise et violence, ils s'emparent des clefs de la forteresse, en même temps que de celles des portes de la ville « qui furent ravys et ostez par force au sieur de Mathan, le jeune, ayant charge en l'absence de son père, capitaine de la dite ville ».

La victime est Adrien de Mathan, fils de Georges de Mathan, le gouverneur de la place : le chef du complot est Antoine de Thère, écuyer, seigneur de Thère. Celui-ci est suivi d'une douzaine de conspirateurs, entre lesquels Nicolas Grente, qui fut plus tard condamné à mort, par sentence de justice.

Une fois maîtres de ces clefs, ils jettent Mathan et ceux de son entourage dans les cachots ; puis faisant appel à leur adhérents de la ville et du dehors, ils expulsent de la citadelle et de la cité la garnison catholique et ceux des habitants dont ils soupçonnent les opinions hostiles.

Thère, pendant quelques jours, se constitue le capitaine du château-fort de Saint-Lo et l'exécuteur de la vindicte protestante. Il préside à tous les actes, « toutes voyes et façons « de guerre et hostillités par ruines et abattement de églises, « fortifications, mutations, et remparements de murailles, bou- « chements de portes, pontz et passages, sacrilèges, ravisse- « ments de biens et rançonnements de personnes et générale privation de la liberté des obéissants serviteurs du Roy » (1).

Alors faisant entrer François de Bricqueville, sieur de Colombières, puis cinq jours plus tard, le 7 mars, François de Montmorency, sieur de Hallot, dans la place, avec des renforts, Thère dépose entre leurs mains le fardeau de sa capitainerie et de ses responsabilités.

Montgommery quitte enfin Jersey et vient débarquer, le 11 mars au hâvre de Linverville (2). Colombières reçoit alors de lui le titre de capitaine de Saint-Lo.

---

(1) *Procès-verbal des troubles de Saint-Lo.* Mémoires de la Société d'Archéologie de Saint-Lo. T. IX. p. 10.
(2) Linverville, canton de Saint-Malo-de-la-Lande, arrondissement de Coutances.

On sait le reste. La forteresse est bientôt investie par Matignon, lieutenant-général du roi Charles IX et gouverneur de la Normandie. Montgommery s'échappa de Saint-Lo et s'enfuit à Domfront où il se fit capturer par son vainqueur. Enfin, après six semaines de siège, Saint-Lo capitule le 10 juin 1574.

Nous reviendrons sur quelques uns des épisodes de ces guerres civiles avec les personnages qui y participèrent et que nous retrouverons en scène.

Quant à Georges de Mathan, dépouillé violemment de son titre de capitaine de Saint-Lo, il dut reprendre son office après la pacification, soit parce qu'en fait il dut être toujours considéré comme le gouverneur titulaire de la place, soit qu'il ait reçu une nouvelle commission du roi Henri III, puisqu'en 1584, il donna sa démission afin de pouvoir transmettre son épée de commandement à son fils aîné, Adrien de Mathan, celui-là même auquel était arrivé l'accident du 2 mars 1574. Nous avons dit déjà que Georges de Mathan ne mourut qu'en 1595.

XXXIV. — ANTOINE DE THÈRE, SEIGNEUR DE THÈRE ET DE LA MEAUFFE

1574

L'audacieux coup de main qui lui permit de s'emparer des clés de la citadelle de Saint-Lo et même de la ville, le 2 mars 1574, nous est déjà connu. Directeur du complot qui lui permit de chasser de la place Adrien de Mathan et d'en expulser les défenseurs catholiques au profit des Huguenots, auxquels il en ouvrit les portes, Thère se constitua lui-même capitaine du château et disposa de tout dans la cité, jusqu'au moment où Colombières, le lieutenant de Montgommery, eut fait appel à son chef qui était à Jersey, dans l'attente des résultats.

Son pouvoir fut de très courte durée. Il cessa dès que Colombières et Hallot furent entrés à Saint-Lo, le 7 mars 1574 (1).

____

(1) Il mourut quelques mois après sur la brèche, en défendant le château de Domfront avec Montgommery. M. Lepingard, *Notes au Procès-verbal des troubles de Saint-Lo.* p. 80.

XXXV. — François de Montmorency, sieur de Hallot
1574

Le procès verbal des troubles à Saint-Lo, dressé par Dancel, en juin 1574, p. 12, nous apprend que dès le 7 mars précédent, et avant la venue de Montgommery, dans la forteresse de cette ville, « le filz aisney du s^r de Crevecœur, « appelé Hallot, surnommey de Mémorency, entra en ladicte « ville, avec 40 ou 50 hommes à cheval, portant armes. » Il y fut reçu « *avecques grant respec* » par Colombières. Hallot se déclara aussitôt l'un « *des chefs des dits rebelles* « *commandant, et baillant, en son nom, sauvegardes,* « *ordonnances et mandementz* ».

Quoiqu'un peu confus dans ses termes et manquant de précision, ce précieux document nous démontre que ce pourfendeur, nouveau venu et véritable fanfaron, s'empara aussitôt du titre de capitaine de la forteresse, et voulut tout mener à la cravache, multipliant en tous sens ses sauvegardes, ordonnances et mandements.

Tout d'abord, il fit régler par Hommet, receveur des finances, les appointements du capitaine de Thère, du jour de sa prise de possession, le 2 mars 1574 (1). Toustain de Billy fait même une longue énumération des dépenses commandées par lui pour montages de canons sur leurs roues, pour serrures des portes, pour réparations de murailles, même pour les pilons du moulin à poudre, et pour 200 fagots destinés aux soldats du corps de garde

Montgommery mit bientôt ordre à cette exubérance d'action, en constituant Colombières pour capitaine de la forteresse et en relégant Hallot sur les remparts de combat.

Mais celui-ci, plutôt que d'occuper un rang aussi secondaire, préféra se remettre à la tête des recrues qu'il avait amenées à Saint-Lo et de là prendre la direction d'Angers, où nous

---

(1) Toustain de Billy, *Mémoires sur Saint-Lo,* p. 101, 102, 108.

savons, d'après les *Chroniques Angevines*, qu'il se livra à de nombreuses prouesses.

François de Hallot était, avons nous dit, le fils aîné de François de Montmorency, baron d'Auteville et de Bouteville. Plus tard, il se fit accueillir à la Cour et fut fait chevalier de l'Ordre du Roi, chambellan de François, duc d'Anjou, frère des rois François II, Charles IX et Henri III, bailli et gouverneur de Rouen et de Gisors, et lieutenant général de la Normandie. Il mourut assassiné à Vernon, le 22 septembre 1592.

En 1589, il reçut la charge de l'arrière-garde des troupes que le duc de Montpensier menait au siège de Falaise ; il combattit à Arques et assista à la prise de Senlis (1).

XXXVI. — François de Bricqueville, Baron de Colombières

1574

Disons tout d'abord quelques mots sur le capitaine François de Bricqueville, baron de Colombières, que les écrivains de son parti ont dépeint comme l'un des plus grands capitaines de son temps. Il poussa jusqu'aux limites les plus extrêmes de la témérité, sa valeur militaire. Jamais il ne recula devant le danger et il en fut la victime. Seulement, comme il ne reçut dans aucune circonstance un commandement en chef, ni une direction générale en bataille rangée, nous pouvons dire que les sentiments politiques et religieux de ses panégyristes ont peut-être été trop loin.

Fils de Guillaume de Bricqueville et de Françoise de Blosset, dame de Torcy, François dut naître vers 1525. Il fut surtout connu sous le nom de baron de Colombières, et il embrassa avec ardeur la carrière des armes. Ses premières campagnes remontent au temps de François Ier et de Henri II, commun-

(1) M. Lepingard, *Notes au procès verbal des troubles de Saint-Lo* p. 63.

dant d'une compagnie de cent lances, sous François II ; et de divers corps séparés, sous Charles IX, il se signala dans les guerres de religion, où, d'après Le Laboureur (2), il fit prisonnier Michel de Castelnau, seigneur de Mauvisière, qui commandait pour le Roi.

Dès les premières manifestations des Religionnaires, Colombières, qui était parent de la princesse de Condé, Eléonore de Roye, suivit, sur ses conseils, le parti de Louis de Bourbon, son mari, et se mit avec Gabriel de Montgommery, à la tête des Huguenots, en Normandie. En se déclarant ainsi contre la Cour, il perdit la part qu'il aurait eue dans le riche héritage de son oncle paternel, le baron de Torcy.

En 1563, Colombières fit aborder au Hâvre de Grace, une flottille anglaise portant deux régiments d'infanterie auxiliaire, 14 pièces de canon, 150 000 ducats et des munitions de guerre importantes pour son parti. Ainsi qu'on le voit, il employait tous les moyens pour seconder puissamment ceux auxquels il se dévouait. Il se rendit même, en 1568, avec les Calvinistes normands, au rendez-vous général indiqué à La Rochelle, pour les appuyer de ses conseils.

Avec les chefs du parti protestant, il se trouva au mariage de Marguerite de Valois avec Henri, roi de Navarre. Mais il eut le bonheur d'échapper aux massacres de la Saint-Barthélémy.

En représailles, lui et Montgommery firent alors, pendant deux ans, une guerre à outrance aux Catholiques avec autant de cruauté que de succès. Colombières, du reste, portait au plus haut degré la bravoure et la fermeté. A cet égard, sa réputation était parfaitement établie.

Après une lutte de deux années, et sur l'appel de son coréligionnaire Montgommery, il accourut à Saint-Lo, vers les premiers jours de mars 1574. Il en reçut le commandement lorsque Hallot l'eut abandonné, mais évidemment de con-

____

(2) *Mémoires de Michel de Castelnau.*

cert et sous la direction supérieure de Montgommery, jusqu'au moment où celui-ci crut devoir se rendre à Domfront, puis de là à Alençon. Il comptait y rejoindre Hallot qui lui avait promis de lui amener des renforts considérables de partisans du Maine, du Perche, de la Bretagne et de l'Anjou. Son but était donc de revenir vers Saint-Lo, pour y surprendre Matignon à revers et le contraindre à quitter la place.

On sait le reste : écrasé par six mille combattants, sous le feu d'une solide artillerie, Montgommery fut fait prisonnier à Domfront et ramené sous les murs de Saint-Lo, qui résistait toujours.

Ce fut alors que Matignon voulut tenter d'amener les assiégés à une capitulation. La situation était telle que pour éviter un suprême effort qui devait provoquer des résultats sanglants et très meurtriers de part et d'autre, Matignon insista vivement auprès de Montgommery pour le prier d'inviter lui-même Colombières à se rendre.

Les historiens se sont ingéniés à reproduire les réponses hautes et fières que Colombières fit à son ami et ancien chef. Elles furent d'une grande énergie et d'une suprême hau-teur, quoique empreintes d'une certaine forme académique peut-être employée après coup. Cependant il est certain que Colombières refusa toute concession et qu'étendant le bras, dans un geste homérique, il dit : « Voilà la brèche sur laquelle je me résous à mourir, peut-être demain, entre mes deux fils auprès de moi »

Colombières tint sa parole.

Le jour même de cette entrevue, les feux de quatre coulevrines et de dix-huit canons des assiégeants firent bientôt deux larges brèches aux remparts, l'une près de la tour de la Rose, et l'autre près de la tour de Beauregard.

Trois assauts successifs furent repoussés par le courage désespéré des assiégés. Enfin, dans une quatrième tentative, Colombières atteint d'un coup d'arquebuse, pénétrant par l'un des yeux jusqu'à la cervelle, tomba mort dans les bras de ses fils.

Peu d'instants après la ville était enlevée par les assaillants.

Trois cents Calvinistes périrent les armes à la main, au moment de l'entrée des vainqueurs dans Saint-Lo et dans la première fureur des soldats (1). On raconte qu'une femme nommée Julienne Couillard s'était signalée pendant le siège. Elle portait un corsage rouge. Aussi toutes celles de ses compagnes trouvées avec le même costume furent passées par les armes.

Du côté des Catholiques, il n'y eut dans ce siège, qui avait duré du 1er mai au 10 juin, jour et fête du Saint-Sacrement, que 60 hommes tués et autant de blessés. Hiberneau qui avait laissé échapper Montgommery et Sacy, fut du nombre des premiers. Le sieur de Lavardin, Villiers-Emmery et le capitaine Hette, ne reçurent que des blessures.

XXXVII.— Jean de Gourfaleur, sieur de Bonfossé.
1574 -1584

Une fois maître de la forteresse de Saint-Lo (10 juin 1574), Matignon accorda huit jours d'un repos bien mérité à son armée. Il fit traiter les blessés et relever les démolitions faites aux murailles et aux remparts.

Puis il se dirigea vers Carentan, pour en faire le siège; c'était la dernière place que les Huguenots tinssent dans la province.

Avant son départ, il établit Jean de Gourfaleur, sieur de Bonfossé, pour capitaine-gouverneur de Saint-Lo. Tel est le sentiment de Toustain de Billy (2), opinion qu'a adoptée également M. G. Le Hardy (3).

L'historien de Saint-Lo rappelle divers actes de son administration. Ainsi, dans une lettre datée de Bonfossé, des premiers jours de novembre 1580, il réclama des échevins de la

(1) Toustain de Billy *Mémoires sur Saint-Lo*, p. 93.
(2) *Mémoires sur Saint-Lo*, p. 108.
(3) *Histoire du Protestantisme en Normandie*, 1869, p. 271.

ville *un logis* alléguant pour motif que celui qu'ils lui avaient donné appartenait à M. de Crux, qui s'y était réinstallé. Gourfaleur, selon sa propre expression, leur disait sans ambages : « *De ceste heure me voilà au milieu de la rue... de sorte que ce m'est une honte et à vous aussy... je ne puis trouver logis où faire mettre mes meubles, ny mes armes* (1).

Le nom de Jean de Gourfaleur et son titre de gouverneur de Saint-Lo étaient gravés sur l'une des cloches de l'église de Notre-Dame de Saint-Lo, qui avait été fondue en 1584. Cette cloche fut brisée six ans plus tard.

Lorsqu'il fut question du démantellement et même de l'entière suppression par démolition de la citadelle de Saint-Lo, Bonfossé appuya de tout son crédit et de son autorité la délibération de la maison de ville de Saint-Lo, pour faire obstacle à l'exécution de l'ordonnance royale rendue sur un premier rapport de Hervé de Longaunay, alors gouverneur de la Basse-Normandie (2).

Que survint-il à Gourfaleur à cette époque ? Nous l'ignorons. Mais le 9 juin 1584, il eut un successeur dans Adrien de Mathan, seigneur de Semilly. Le motif de ce changement imprévu n'est pas connu. Tient-il à la démission ou à la mort de Jean de Gourfaleur ou à toute autre cause, ce nous est un mystère. Après tout, on sait que la Ligue produisit en Normandie des troubles qui ne furent guère qu'une reproduction des luttes provoquées déjà par le Protestantisme.

XXXVIII.—Adrien de Mathan, seigneur de Semilly.

1584-1585

Né en 1552, Adrien de Mathan fut l'aîné des enfants de Georges de Mathan et de demoiselle Claude des Asses.

Il contracta deux mariages : l'un le 23 avril 1577, avec

---

(1) Toustain de Billy, *Mémoires*, p. 108.
(2) Toustain de Billy, *Mémoires sur Saint-Lo*, p. 117.

Jacqueline Guiton, fille de Gilles Guiton, seigneur de Montaigu, d'une famille de l'Avranchin. Le contrat en fut rédigé par Pierre de la Quièze et Jean Guillaumet, tabellions à Thorigny (1); l'autre, le 16 juillet 1596, avec Françoise d'Acher, petite fille de Charlotte de Montmorency (2).

C'est de cette dernière union que descendait à la 4e génération, Bernardin de Mathan, auquel Louis XV accorda en 1736 des lettres-patentes d'élévation du domaine de Mathan, en marquisat. Bernardin avait épousé sa cousine, Isabelle-Catherine de Mathan.

Ces lettres ont été imprimées (3). Leur date est de Versailles, février 1736, et contresignées *Chauvelin*. Elles rappellent notamment que Georges et Adrien de Mathan avaient été gouverneurs des ville et château de Saint-Lo, depuis 1570 à 1625, et que ces deux ancêtres avaient constamment donné à la Couronne des marques de fidélité, *jusqu'à laisser aux insultes des Huguenots les terres qu'ils possédaient*. Pour Bernardin, il était lieutenant de Roi au gouvernant de Caen, et chevalier de Saint-Louis.

Lorsqu'Adrien de Mathan obtint le 9 juin 1584, ses provisions de gouverneur et capitaine de Saint-Lo, il était gentilhomme servant de Mme de Longueville. Les lettres datées de Saint-Maur-des-Fossés, signées sur le repli par Henri III, étaient contresignées par Saint-Marc (4).

Adrien fit son testament au manoir seigneurial de Semilly, le 23 janvier 1625, devant Pierre de la Quièze et Guillaume Du Manoir, tabellions à Saint-Clair. Dans cet acte, il avait manifesté la volonté d'être inhumé dans le tombeau élevé par son père. Il ne mourut qu'en 1630.

---

(1) Bibl. Nat. Cabinet des Titres. Pièces originales. — Carrés d'Hozier. Nouveau d'Hozier et Chérin.
(2) Bibl. Nat. Cabinet des Titres. Mss. Pièces originales.
(3) Bibl. Nat. Cabinet des Titres. Mss. Dossiers bleus.
(4) Bibl. Nat. Cabinet des Titres. Mss. Pièces origin., 1887. — Et Nouveau d'Hozier, 228, n° 9.

XXXIX. — Antoine La Bastide
1585

On ne saurait douter que les lettres patentes de 1736, délivrées par Louis XV, pour le marquisat de Mathan, contiennent une inexactitude absolue quand elles affirment qu'Adrien de Mathan resta capitaine de Saint-Lo de 1584 à 1625, puisque dans ce laps de temps une dizaine de personnages exercèrent le même emploi. Tout autorise donc à dire que le gouvernement de Mathan fut très court, et qu'il ne dépassa même pas deux années.

En effet, d'après ce qui est appris par les chroniqueurs, la confiance manquait et l'on craignait que la ville de Saint-Lo ne fût pas en sûreté sous la sauvegarde seule des bourgeois. On ordonna la formation de détachements des paroisses voisines de la ville, afin de renforcer cette garde. Malgré toutes ces précautions, la défense de la forteresse était mal faite, les bourgeois et les *détachés* refusaient d'obéir au capitaine de Mathan, que Longaunay leur avait donné pour commandant.

Mathan s'en plaignit par une lettre qu'il écrivit au Maire et aux Echevins, le 17 octobre 1585. Il leur ordonna de prêter de nouveau le serment de fidélité entre ses mains, et leur enjoignit de faire un mémoire exact qui lui serait envoyé. Il ajouta qu'à l'égard des Religionnaires, il voulait qu'il fissent monter la garde en leur place par des Catholiques qui seraient payés pour cela, et que lui, capitaine, choisirait (1).

Un mois plus tard, Mathan était remplacé à la forteresse : il était évidemment révoqué.

D'après la lettre officielle que Longaunay adressa le 28 novembre 1585, aux échevins de Saint-Lo, La Bastide fut en effet envoyé par lui avec sa compagnie pour prendre le commandement de leur château. Cette missive manifeste tout l'intérêt que

---

(1) Toustain de Billy, *Mémoires sur Saint-Lo*, p. 119.

le gouverneur de la Basse-Normandie portait à la conservation de leurs droits (1).

Elle ne faisait au surplus que transmettre les ordres reçus par lui, le 16 novembre précédent, du duc de Joyeuse, gouverneur général de la province, lui annonçant que la compagnie de La Bastide devait aller incessamment tenir garnison à Saint-Lo (2).

Notre Basse-Normandie fut sans guerre pendant une partie de la Ligue, mais non sans alarmes. On eut avis, entre autres, que le jeune Henri III en remplaçant Mathan dans son gouvernement de Saint-Lo, lui donnait pour successeur Antoine La Bastide, qui, peu de semaines plus tôt avait reçu de lui une commission de gouverneur de la citadelle de Metz, le 9 septembre 1585 (3).

Dans la situation difficile où se trouvait le château de Saint-Lo, il fallait au Roi un homme de valeur et d'une certaine énergie ; il ne pouvait faire un meilleur choix que celui de La Bastide.

Dès le 13 décembre 1567, il avait en effet reçu sa commission de capitaine d'une compagnie de 300 hommes de guerre à pied. Cette compagnie de création nouvelle se trouvait être du nombre des dix qui venaient d'être organisées sous le commandement du chevalier de Montluc. Le brevet en était signé à Paris, par le Roi et contresigné *de Neufville* (4).

En même temps, et dès le lendemain, 14 décembre, La Bastide reçut l'ordre de lever ces 300 miliciens qu'il devait conduire au sieur de Brissac, colonel général des bandes françaises. Le capitaine Antoine se mit alors en campagne et il recruta bientôt ses hommes parmi les Gascons.

En janvier 1568, alors que La Bastide se trouvait sous les

---

(1) Toustain de Billy, *Mémoires sur Saint-Lo*, p. 118.

(2) Bibl. Nat. Mss. Fonds Franç. Nouvelles acquisitions, 6.640, nᵒ 211.

(3) Bibl. Nat. Mss. Carrés d'Hozier 66, p. 164 et 170. Fonds Français, 30.295.

(4) Bibl. Nat. Mss. Carrés d'Hozier, 66. p. 165.

ordres du colonel chevalier Du Moulin, en garnison à Troyes en Champagne, il délivrait quittance à Nicolas Molé, trésorier de l'Extraordinaire des Guerres, de 2.390 livres tournois, pour lui et sa compagnie. Le paiement en avait été fait en présence de Talon, contrôleur ordinaire des Guerres (1).

L'année suivante, par acte conclu et arrêté dans le *château et repaire* (2), de Saint-Quentin, le 14 septembre 1569, noble Antoine La Bastide avait devant le notaire royal de la juridiction de Castilhonoys, en Agenais, stipulé les conventions de son mariage avec Foy Le Bigot, *damoyselle*, et fille de Jean Le Bigot, écuier, seigneur de Saint-Quentin, habitant comme le futur époux en la même paroisse de Saint-Quentin (3).

Il est à remarquer au surplus que le château de La Bastide, dont Antoine portait le nom, se trouvait également dans la même paroisse, conséquemment en Agenais (4). Cependant, nous croyons que La Bastide était plutôt originaire du Périgord, car nous avons vu de très nombreux actes d'une famille La Bastide, qui, nous le croyons, était la même que celle à laquelle il appartenait (5).

Le capitaine La Bastide est qualifié écuyer dans une transaction faite le 4 avril 1571, à propos d'un procès débattu entre lui et Bertrande La Coste et Jeanne La Fosse, devant la cour ordinaire de Castilhonoys.

Antoine La Bastide fut le quatrième aïeul de Pierre-Valentin de La Bastide, seigneur du Périer, chevalier de Saint-Louis, mestre de camp de cavalerie et maréchal des logis des deux cents hommes de la garde royale, auquel Louis XV délivra à

---

(1) Bibl. Nat. Mss. Fonds Français 26,696. Pièces originales, 212, dossier 4.765.

(2) Cette indication de *repaire* nous porte à croire que le château était situé sur une montagne escarpée et inaccessible.

(3) Bibl. Nat. Mss. Carrés d'Hozier, 66, p. 167.

(4) Bibl. Nat. Mss. Cab. des Titres. Fonds Français, 31.252. Nouveau d'Hozier, 27. dossier 559.

(5) Bibl. Nat. Mss. Cab. des Titres. Fonds Français, 31.252. Nouveau d'Hozier 27, dossier 559 p. 180.

Versailles, en février 1773, des lettres de noblesse, qui répètent que cette famille était bien du Périgord, et qu'elle s'y était fait connaître dès le XVIe siècle.

Les armoiries qui lui furent réglées par Antoine d'Hozier de Sérigny, le 14 avril 1773, étaient *d'argent à un pin de sinople et un chef de gueules, chargé de trois étoiles d'argent* (1).

Comme on vient de le voir, les renseignements abondent sur certains de nos capitaines de Saint-Lo, et nous pouvons dire que, pour cette période de leur histoire, nous sommes cousu de documents et cuirassé de dossiers.

Quant à définir quelle y fut la situation de **La Bastide**, il est assez difficile de la préciser.

Après les luttes violentes de 1574, et jusqu'à 1580, la citadelle de Saint-Lo resta dans un état déplorable et dans l'impossibilité de pouvoir faire face à de nouveaux évènements, s'il en était survenu. Cependant plusieurs capitaines furent nommés pour parer aux circonstances ; mais leur action fut nulle et ils n'eurent qu'un titre nominal, d'après les probabilités.

Ce fut alors que Hervé de Longaunay, ou d'O, gouverneurs l'un de la Basse, l'autre de la Haute-Normandie, adressèrent au Roi, en mai 1580, le mémoire très important que nous faisons connaître *in extenso* pour la première fois (2). Le tableau que l'auteur fait de notre antique forteresse et de ses ruines, aussi bien que de l'état des défenses de la ville, est chargé de bien sombres couleurs. Ses conclusions tendent à un démantellement général et à un abattis des murailles qui en restent.

Cependant le Roi assembla son conseil afin d'examiner la requête qui provoqua son intérêt d'une façon pressante et suscita des craintes sérieuses dans son esprit.

---

(1) Bibl. Nat. Mss. Cab. des Titres. Fonds Français, Nouveau d'Hozier.

(2) Voir notre pièce justificative **A**.

Contraste insuffisant
NF Z 43-120-14

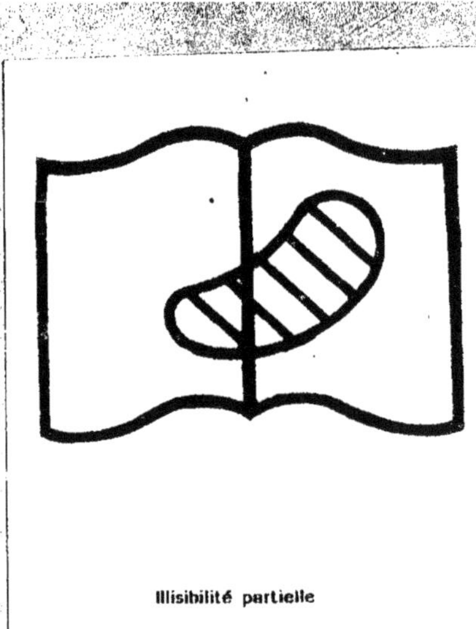

Illisibilité partielle

Le maréchal de Matignon, présent à la réunion, calma les craintes royales et promit de se charger *de la garde et seureté* de la place. C'était un atermoiement et une tentative de restauration qu'il proposait.

Mais Longaunay craignant d'être débordé par la Ligue qui surgit menaçante de tous côtés, et par la venue présumée du prince de Condé, jette bientôt le cri d'alarme.

Henri III y répond par une ordonnance du 21 octobre 1585 (1), qui commande la destruction immédiate du châteaufort six fois séculaire. Tout au moins Sa Majesté entend qu'il soit fait « si bien et amplement qu'on ouvre les bresches qui ont « esté cy devant faictes que l'on ne se puisse plus se servir de « la forteresse ».

M. de Carrouges reçoit par le même courrier l'ordre d'exécuter en toute diligence cette résolution souveraine.

Désormais Saint-Lo, la vaillante cité d'autrefois, demeura ville ouverte, et sans défense aucune.

Cependant Longaunay se multiplie pour résister au cas où les sectaires viendraient à se présenter. Et quand le danger s'est éloigné avec eux, Sa Majesté rapporte, moins d'un mois après, sa précédente décision (2).

Le Roi prodigue alors à son lieutenant général ses témoignages de félicitations pour l'énergie qu'il a su déployer afin de sauver Saint-Lo et Pontorson. Et afin d'inspirer toute confiance dans l'avenir, il envoie dans sa bonne ville de Saint-Lo une compagnie d'arquebusiers à cheval dans le but de la lui conserver. Or cette compagnie est celle de Bidon, qui se trouve ainsi jointe à celle de La Bastide, pour la seconder (3).

Du reste, les populations avaient, dès la nouvelle du démantellement qui allait être opéré de leur forteresse, multiplié de toutes parts les pétitions. Les conseils de la ville s'étaient

---

(1) Voir notre pièce justificative B.
(2)　　　 Id.　　 id.　　 C.
(3)　　　 Id.　　 id.　　 D.

réunis et avaient envoyé des délégués vers le Roi, pour le faire revenir sur la décision qu'il avait prise.

Longaunay qui avait dirigé lui-même les enquêtes et constaté que l'effet produit par la menace avait été déplorable, envoya alors un rapport favorable à la Cour, le 22 novembre 1585.

Trois jours après Henri III lui adressait une nouvelle dépêche pour lui confirmer sa décision irrévocable de surseoir définitivement à la démolition (1).

L'amiral de Joyeuse, gouverneur général de la Normandie, fut lui aussi, de son côté, mis au courant des décisions royales. Il dut se mettre en relations directes avec Longaunay afin de lui prêter au besoin la main et écarter les difficultés qui pourraient survenir à l'avenir.

En fin de compte la forteresse fut désormais conservée.

Pour notre capitaine Antoine La Bastide, il est certain qu'il avait été envoyé à Saint-Lo dès le 16 novembre 1585, afin d'y occuper le château. La missive de Joyeuse en fait foi (2).

Mais son séjour ne dut pas y être de longue durée, puisque dès le 9 janvier 1586, Joyeuse autorisa Longaunay à disposer des compagnies des capitaines La Bastide et Bidon pour la garde de Cherbourg et de Granville (3).

Cependant tout porte à croire qu'en mai 1586, La Bastide était encore à Saint-Lo, puisqu'à cette date Longaunay reçut de Joyeuse l'ordre de dissiper, avec sa compagnie et le ban de la noblesse du pays, les bandes armées qui jetaient le désordre dans le Cotentin (4).

Et le succès du capitaine La Bastide fut d'autant plus certain que le 1er juin suivant, Joyeuse faisait connaître à son lieutenant général les plaintes que lui avaient portées quelques

---

(1) Voir notre pièce justificative D.
(2) Bibl. Nat. Mss. Fonds français. Nouvelles acquisitions, 6.646, n° 211.
   (3)   Id.   id.   6.646, n° 248.
   (4)   Id.   id.   6.646, n° 220.

gentilshommes appartenant à la religion réformée contre cet officier « *comme s'il avait été l'instigateur des troubles et des révoltes* provoquées par ceux-ci au préjudice du service du Roy (1) ». Le commandement de La Bastide à Saint-Lo n'avait donc pas duré au-delà du cours de mai 1586 (2).

XL. — Le capitaine Bidon.
1585-1586

Sur la demande pressante de Longaunay, Henri III avait cru nécessaire d'envoyer à Saint-Lo une compagnie d'arquebusiers à cheval (3), d'après sa lettre du 18 novembre 1585.

Mais ce secours avait été insuffisant. Une levée de trente autres arquebusiers avait été ordonnée le 11 mai 1586 (4).

La garnison réunie au château comportait donc un effectif assez respectable d'au moins 250 soldats. Il dut être réduit au départ de La Bastide. Bidon, qui s'y trouvait déjà le 25 novembre 1585 (5), dut alors s'y trouver seul, pour que probablement Longaunay ne mit pas à exécution l'autorisation de Joyeuse d'envoyer à Cherbourg et à Granville les deux compagnies dont il disposait (6).

Tout porte à penser que Bidon n'était à ce moment arrivé que récemment, puisque l'amiral donnait à cette date du 25 novembre l'ordre de commander au bailly du Cotentin d'ouvrir une information judiciaire contre les fauteurs de *volleries et de violences* exercées par les habitants du bourg d'Ecouché (7) contre les soldats de la compagnie du capitaine Bidon.

---

(1) Bibl. Nat. Mss. Fonds français. Nouvelles acquisitions, 6.646, n° 221.

(2)   Id.   id.   6 646, n° 220.

(3) Voir notre pièce justificative C.

(4) Bibl Nat. Ms. Fonds Français, Nouvelles Acquisitions. 6.646, n° 218.

(5) Voir notre pièce justificative E

(6)   Id.   id.

(7) Ecouché, chef lieu de canton, arrondissement d'Argentan (Orne).

Joyeuse réclamait un exemple sévère pour la répression de pareils actes (1).

Bidon dut quitter définitivement Saint-Lo, d'après les crdres de Henri III, transmis à Longaunay, le 8 juin 1586 (2).

Les motifs de son départ en sont expliqués par Joyeuse dans sa dépêche à Longaunay. Il lui dit que Sa Majesté avait ordonné que la compagnie du capitaine Bidon rejoindrait l'armée de Rouergue, dont lui Joyeuse avait le commandement général. Il ajoute que Bidon allait immédiatement la retirer de sa garnison et la conduire au rendez-vous qui lui était assigné. En conséquence il demandait son *exeat* pour pouvoir quitter Saint-Lo (3).

Une nouvelle dépêche de Joyeuse, du 17 février 1587, permet de croire, ou que la précédente n'avait pas reçu d'exécution, ou que la compagnie d'arquebusiers de Bidon était revenue occuper ses premiers emplacements. Ces deux alternatives sont fort admissibles.

XLI.— LE CAPITAINE BONFOSSÉ.

1586

Le 8 juin 1586, le duc de Joyeuse annonçait à Longaunay (4) que le Roi venait de donner la capitainerie de Saint-Lo à Bonfrisse, ou à Bonfoisse, d'après la lecture de M. Léopold Delisle (5). M. le président de la salle des Manuscrits de la Bibliothèque Nationale, auquel nous avons fait appel pour examiner cette question assez délicate, a, comme nous, vu que le texte original porte bien le nom de Bonfoisse. Mais comme dans tous ces actes transcrits des correspondances de Longaunay il n'existe aucune accentuation, nous en avons conclu

---

(1) Voir notre pièce justificative E.
(2)   Id.   id.
(3)   Id.   id.   E bis.
(4)   Id.   id.   E bis.
(5) Papiers de Hervé de Longaunay 1897, p. 14, n° 223.

que ce nouveau capitaine est bien Bonfossé que Toustain de Billy a retrouvé, lui aussi, dans ses annales historiques (1).

A défaut toute fois d'autre preuve, nous ne pouvons affirmer s'il s'agit là du retour de notre ancien gouverneur, Jean de Gourfaleur, seigneur de Bonfossé, capitaine de Saint-Lo de 1574 à 1584, ou bien d'un autre membre de sa famille, de l'un de ses fils ou neveux, par exemple, sentiment pour lequel nous inclinerions plutôt

Ce qui est certain, c'est que Jean de Bonfossé qui fit partie du conseil de ville de Saint-Lo, jouissait d'une grande considération auprès de ses compatriotes. Il est regrettable que l'on ne sache pas le prénom de ce capitaine qui fut nommé par Henri III, en 1586 ; cette seule indication eût pu nous servir de fil conducteur.

Toujours est-il que la Basse-Normandie fut sans guerre dans cette période des évènements de la Ligue, mais elle ne fut pas exempte d'alarmes. On eut avis, entre autres, que le jeune Colombières, fils du vaillant capitaine, dont nous avons rappelé la mort héroïque sur les remparts de Saint-Lo, recrutait secrètement des troupes et l'on eut peur pour Saint-Lo. Longaunay en écrivit à Bonfossé et aux bourgeois de cette ville.

« J'ay reçeu hier le soir, dit Toustain de Billy (2), des nou-
« velles qui sera occasion que ce soir je seray à coucher à
« Saint-Lo, auquel je vous prie que je vous trouve pour les
« faire entendre et adviser à ce qui est besoin pour le service
« du Roy. »

Longaunay ordonnait particulièrement au Conseil de Ville de recevoir le capitaine Bidon et sa compagnie, qui étaient envoyés en garnison par l'amiral de Joyeuse.

Il ordonne également, par un mandat particulier, du mois d'octobre 1587, de délivrer 20 livres tournois *au poudrier*, et encore par une autre déclaration de fournir pareille somme au salpêtrier.

---

(1) *Mémoires sur la ville de Saint-Lo*, 1864, p. 121.
(2) Toustain de Billy, *Mémoires sur Saint-Lo*, p. 121.

Ces précautions furent inutiles : il n'y eut aucune attaque contre Saint-Lo.

La succession très fréquenté de ces nombreux gouverneurs et capitaines de Saint-Lo nous fournit la preuve indiscutable que leur nomination dans les châteaux forts et dans les villes fortifiées de la France, appartenait sans conteste au Roi seul et constituait pour lui l'un des plus précieux privilèges de la souveraineté. Ce droit lui avait été conquis par Louis XI, dans sa lutte contre les grands vassaux, qui, jusque-là avaient contrebalancé l'autorité royale. Plus tard, après les guerres de religion et de la Ligue, Richelieu eut à faire disparaître les nombreux châteaux fortifiés qu'élevaient encore en grand nombre dans les provinces de plus modestes gentilshommes. Mais depuis, l'autorité suprême fut respectée dans la possession exclusive de toutes les citadelles et villes fortes. Enfin, avec la Bastille, disparut le dernier rempart de la féodalité. Il avait ainsi fallu plusieurs siècles pour obtenir ce résultat.

XLII.— Charles de Thiéville, seigneur de Graignes
1589

Tout ce que l'on sait de Charles de Thiéville, capitaine de Saint-Lo, c'est qu'il était mort le 17 octobre 1589. Il est aussi distingué des autres membres de sa famille par son titre de seigneur de Graignes (1). Il n'est pas douteux, du reste, qu'il se rattachait à Henri de Thiéville, le second de nos capitaines de Saint-Lo, mais par une branche collatérale, puisque le rameau de celui-ci était tombé en quenouille.

D'après les registres de la réforme de la noblesse de la généralité de Caen que l'intendant de Roissy fut chargé d'instruire en 1598, Charles de Thiéville, fils du seigneur de Graignes, demeurant à Lasselle, en la sergenterie de Lessay, dans l'élec-

____

(1) Graignes. Paroisse du canton de Saint-Jean-de-Daye (Manche).

tion de Carentan, fut en procès devant la Cour des Aides de Rouen pour le fait de dérogeance de sa noblesse. Il obtint un délai de deux mois pour avoir un arrêt sur cette contestation(1).

D'un autre côté, Gilles de Thieuville, seigneur de Bricquebosc (2), bien certainement aussi de la même famille, rendit un aveu devant la cour des comptes de Normandie, et fit le dénombrement le 6 janvier 1612, du fief de Salmonville, situé en la paroisse de Bricquebosc, mouvant par un demi fief de chevalier de la chatellenie de Brix, dépendante de la vicomté de Valognes (3).

XLIII.— Jean-Luc Du Chemin, sieur de la Haulle
1589-1590

Seul, M. Lepingard a attiré notre attention sur Jean Du Chemin, en nous communiquant tout ce qu'il savait sur lui. Evidemment il a puisé ses sources aux Archives départementales qu'il connaît à fond.

Jean-Luc Du Chemin de La Haulle, nous écrit notre cher correspondant, est celui-là même qui fut chargé par Henri III de se rendre à Granville pour veiller au débarquement des troupes que lui envoyait la reine Elisabeth d'Angleterre.

Comme récompense, La Haulle reçut du souverain le gouvernement de Saint-Lo, avec le soin de remettre les fortifications en bon état, notamment « le côté du Neufbourg où il « fit édifier un pont-levis, établir une demi-lune et construire « un cavalier. Vraisemblablement, pour ne pas dire certai- « nement, d'après ce que nous a écrit notre cher président, « ces derniers travaux de Du Chemin furent ceux qu'en « 1900, il y a quatre ans à peine, des travaux de voirie

---

(1) Archives Nationales. MM. 700 ᴮ Nobiliaire. Mss. de Caen.
(2) Bricquebosc. Canton des Pieux, arrondissement de Cherbourg (Manche).
(3) Bibl Nat. Cab. des Titres. Mss. F. français, 30,829. Carrés d'Hozier, 600.

« exécutés dans la partie de la rue de la Préfecture sise entre
« celle-ci et la prison, mirent à découvert.

« Cette fortification avait la pointe tournée vers le Neuf-
« bourg, de façon que celle-ci fut prise en enfilade. Or, le
« cavalier se trouvait placé presqu'en ligne avec la tour
« actuelle de la Préfecture au Nord, et celle dont la base se
« voit entre le palais de justice de Saint-Lo et la rue Saint-
« Thomas.

« Rien d'étonnant à ce que tours et cavalier fussent con-
« temporains, c'est-à-dire remontant à la fin du XVI⁰ siècle,
« et les tours coiffées entièrement d'une couverture en pointe,
« quoique les anciennes furent munies de créneaux à leurs
« parties supérieures et à leurs sommets.

« C'est du reste ce qui résulterait d'une vue de Saint-Lo,
« datée de cette époque. Ce dessin montre à l'est de l'église
« de Notre-Dame deux tours reliées par un mur, qui l'une et
« l'autre ont des toits en pointe, situation et disposition que
« l'on retrouve dans une autre vue de la cité saint-loise,
« remontant au commencement du XIX⁰ siècle. Les deux
« tours sont toujours surmontées de la même façon ».

Durant les troubles de la Ligue, au dire de Toustain de
Billy (1), les habitants de Saint-Lo et de sa région restèrent
fidèles au Roi. Ils le durent particulièrement aux soins de
de Du Chemin, de Michel Le Mennicier, écuier, sieur de
Martigny, de Charles Le Painteur, écuier, sieur de Boisjugan,
de Jacques de Sainte-Marie, écuier, sieur d'Agneaux, de
Jean Dubois, procureur du Roi au bailliage de Saint-Lo, et de
divers autres.

La Haulle fut toujours l'objectif et la victime des Ligueurs ;
à deux reprises différentes, il fut enlevé par eux et retenu leur
prisonnier au château de Neuilly-l'Evêque, puis à Fougères.
Tous ses meubles furent perdus et probablement incendiés.
Enfin, il lui en coûta 7.000 livres pour solder ses rançons.

____

(1) *Mémoires sur Saint-Lo*, p. 124.

Les témoins entendus dans une enquête reportent à l'année 1590 la première incarcération de La Haulle.

La généalogie de la famille Du Chemin (1) ne donne à ce personnage que le seul prénom de Jean. Elle le qualifie : Noble homme Jean Du Chemin, écuyer, seigneur du Féron, de La Haulle, de Semilly, etc. D'après cet état, Jean Du Chemin prit une part très active aux guerres qui signalèrent la fin du règne de Henri III et le commencement de celui de son successeur : il les servit avec dévouement.

Il en donne comme témoignages : en premier lieu, un acte du 22 août 1589, émanant du lieutenant-général de Saint-Lo, qui atteste que Jehan Johanne fut envoyé par La Haulle en Bretagne afin d'y acheter des chevaux pour le service du Roi. Son mandataire fut détenu prisonnier en ce pays. La Haulle était grandement recommandé par le maire, les échevins et les autres officiers de la ville de Saint-Lo.

En deuxième lieu, un mandement du lieutenant-général du bailli de Caen, daté de Thorigny, le 4 février 1591, affirmait qu'à ce moment il servait sous les ordres du duc de Montpensier. Son nom se rencontre en effet dans la liste des combattants qui furent au siège du château d'Avranches, au commencement de cette même année (2)

Enfin, tandis que le roi Henri IV était, en 1592, occupé au siège de Rouen, Odet de Matignon, fils a... maréchal, amena à ce prince un corps de 7.000 Français et Anglais, que Du Chemin de La Haulle, l'un des capitaines de son régiment, gentilhomme estimé, avait fait débarquer à Granville (3).

Jean Du Chemin épousa, le 23 février 1610, Marthe Le Mazurier, fille de Christophe Le Mazurier, sieur de Duredent, conseiller au parlement de Rouen.

---

(1) Bibl. Nat. Mss. Cabinet des Titres. Fonds Français 26 726. Dossiers bleus, 181. Portefeuille 4.701.

(2) Bibl. Nat. Mss. franç. Nouvelles acquisitions, 6.646, fol. 330. — M. Léopold Delisle, *Papiers de Hervé de Longaunay*, p. 24.—H. Sauvage, *Revue de l'Avranchin*, T. VIII, 1898, p. 435.

(3) Bibl. Nat. Mss. Dossiers bleus, 181. Portef. 4.701.

Le blason des Du Chemin était : *de gueules à un lion d'hermines*.

XLIV. — CHARLES DE MATIGNON, COMTE DE THORIGNY
1590

Charles de Matignon, le troisième des enfants de l'illustre maréchal de Matignon, fut, d'après divers généalogistes français, nommé gouverneur de Saint-Lo en 1590. Le P. Anselme, dans son *Histoire de la Maison de France et des grands dignitaires de la Couronne* (1) a fait de lui un bel éloge que la plupart des chroniqueurs ont reproduit.

Tout d'abord il est qualifié comte de Thorigny, baron de Saint-Lo, de La Roche-Tesson, prince de Mortagne et sire de l'Esparre.

Nous résumons son existence :

Né à Torigni, en 1564, il embrassa la carrière des armes et combattit en Guyenne, sous les yeux de son père. Bientôt il fut capitaine de 100 hommes d'armes des ordonnances, en 1579, gouverneur de Saint-Lo, capitaine de Cherbourg et de Granville, en 1596, chevalier des ordres du Roi, le 2 janvier 1590, lieutenant-général au bailliage du Cotentin et au duché d'Alençon, en l'absence du Dauphin, en 1608 et lieutenant-général au gouvernement de Normandie, en 1609.

Il fut aussi élu pour assister, à Paris, aux Etats généraux qui y étaient convoqués en 1614, et pour tenir ceux de Rouen, aux années 1616, 1623 et 1624.

En considération de ses signalés services, le roi Louis XIII lui accorda le 8 mars 1622, un brevet de retenue de maréchal de France, c'est-à-dire, si nous ne faisons pas erreur, la promesse de sa nomination à l'une des vacances de ces hautes fonctions. En outre, il le fit conseiller en ses conseils.

Charles de Matignon mourut à Torigni, où il fut inhumé le 9 juin 1648.

---

(1). Tome V, pp. 385-386.

Il avait épousé, en 1596, Eléonore d'Orléans, fille puînée de Léonor d'Orléans, duc de Longueville et de Marie de Bourbon, duchesse d'Estouteville.

XLV. — Jacques de Matignon, maréchal de France
1593

La grande renommée de Jacques de Matignon dépasse celle de tous ses collègues au gouvernement de Saint-Lo. Elle tient à ses hautes qualités personnelles, à ses talents militaires, à son incomparable bravoure et par dessus tout, à son généreux caractère qui lui conseilla de ne pas faire exécuter dans Alençon, ni dans Saint-Lo, les ordres odieux qu'il avait reçus pour la nuit à jamais néfaste de la Saint-Barthélemy de 1572. Il vécut comblé d'honneurs par tous les rois auxquels il avait su inspirer la plus entière confiance, et il sut toujours se maintenir au premier rang au milieu de la considération universelle.

La vie du maréchal se trouve dans toutes les biographies françaises. Elle est bien connue : cependant nous désirons y ajouter quelques détails ignorés, ou tout au moins donner une esquisse rapide de ses actions principales.

Jacques de Matignon devint possesseur de la baronnie de Saint-Lo, par l'acquêt qu'il en fit de l'évêque de Coutances, Arthur de Cossé, le 22 mai 1576. Il fut en outre investi du titre de capitaine et de gouverneur de la citadelle, qui était dépendante de l'autorité royale, et dont la nomination appartenait au souverain. La quittance du 10 août 1593 (1) fournit la preuve de notre affirmation.

Fils unique de Jacques de Matignon et d'Anne de Silly, le futur maréchal de France n'avait que six mois quand il perdit son père. Femme d'un rare mérite, sa mère prit soin de son éducation qui fut supérieure, sous le rapport des études, à celle que les gentilshommes recevaient alors.

---

(1) Voir notre pièce justificative F.

Placé très jeune auprès du Dauphin, depuis Henri II, comme enfant d'honneur, il fit ses premiers débuts sous ce prince à la prise des Trois-Evêchés (1), et il se signala la même année 1552, aux sièges de Montmédy, de Troisemars et d'Ivoy, à la tête d'une compagnie de chevau-légers avec laquelle il se jeta dans Metz menacé par les Impériaux. Il fut envoyé ensuite au secours d'Hesdin, d'où il s'échappa par ruse, après s'être battu avec acharnement contre les troupes du duc de Savoie.

Moins heureux à la bataille de Saint-Quentin, où il combattit vaillamment, il resta au nombre des prisonniers, et ne recouvra sa liberté qu'après la prise de Cateau-Cambrésis. Le jour même où elle fut conclue (13 avril 1559), il succéda à Martin Du Bellay, comme lieutenant-général en Normandie.

Dans ce temps où toute la noblesse de France était partagée entre le duc de Guise et le connétable de Montmorency, Matignon prit le parti le plus prudent et ne voulut se prononcer ni pour l'un ni pour l'autre. Il ne s'attacha qu'au Roi, n'eut d'autre but que d'affermir son autorité contre les factions, et cette conduite, la seule qui fût digne, fut aussi la plus sage : elle lui mérita plus tard la réputation d'un grand politique. Aussi obtint-il la confiance de la reine Catherine de Médicis qui sut le défendre avec énergie contre les plaintes ou les attaques de la Cour.

Ce fut lui qui, après la conférence de Pontoise, où il se trouva, révéla à la Reine l'alliance passagère des Guise avec le connétable et conseilla la paix, en établissant une égale balance entre les factions.

En 1562, Matignon contribua à la prise de Blois, de Tours et de Poitiers. Peu après, il reprit Vire et Saint-Lo sur les Calvinistes, et les empêcha de s'emparer de Cherbourg par la trahison du gouverneur, tandis qu'en même temps il sauvait le château de Falaise, vivement pressé par les Anglais, qu'il mit en déroute.

____

(1) On désignait sous ce nom les trois villes lorraines de Metz, Toul et Verdun qui furent réunies à la France par Henri II.

En 1567, il eut une part notable à la réduction de Rouen.

La même année, il empêcha d'Andelot d'opérer sa jonction avec le prince de Condé, avant la bataille de Saint-Denis, et, par cette manœuvre, il sauva Paris, dont la prise eût pu avoir des conséquences importantes.

Il se signala encore en 1569 aux combats de Jarnac, de La Roche-Abeille et de Moncontour. A Jarnac, il battit l'arrière-garde de Coligny ; à Moncontour, il sauva la vie au duc d'Anjou, qui plus tard fut Henri III.

En 1574, presque toute la Normandie ayant échappé à l'autorité royale, sous la pression de Montgommery que soutenait l'Angleterre, Charles IX en confia la pacification à Jacques de Matignon qui, avec 7 à 8.000 soldats, rentra en campagne, prit Falaise et Argentan, investit Saint-Lo, et s'attacha surtout à Montgommery qu'il poursuivit et fit prisonnier dans le château croûlant de Domfront. La pacification de la province entière lui fut ensuite facile, sans effusion de sang.

A la paix générale, le bâton de maréchal de France fut donné à Matignon, le 14 juillet 1579 : le brevet lui en avait été remis dès l'année 1575, avec le cordon de l'Ordre du Saint-Esprit comme haute récompense de ses éminents services.

Puis, reprenant bientôt le cours de ses exploits militaires, Matignon reçut le commandement général de l'armée de Picardie et réduisit cette province sous l'autorité royale. Nommé en 1585, lieutenant-général dans la Guyenne, il s'empara par artifice du Château-Trompette, en chassa le comman-dant, ligueur déterminé, et par ce moyen, sauva Bordeaux des horreurs de la guerre civile. Il s'y montra du reste, comme toujours, habile, ferme, tolérant et préoccupé uniquement du bien de l'Etat.

Matignon se trouvait à une lieue de Coutras qu'il venait secourir, lorsqu'il apprit la perte de la bataille que Joyeuse avait livrée sans vouloir l'attendre (1587). Ralliant aussitôt les débris de l'armée royale, il se replia sur la Guyenne, mais après s'être assuré qu'aucun danger ne menaçait sous les murs de Nérac. Le 31 décembre suivant, il força le roi de Navarre à la retraite, après un combat acharné (1588).

Lors de l'assassinat de Henri III, le maréchal maintint la province dans l'obéissance du souverain légitime Henri IV qu'il sollicita plusieurs fois de rentrer dans la communion romaine. Il reprit Agen et Blaye aux Ligueurs et battit sur la Gironde une flotille espagnole.

Matignon représenta le connétable de France à la cérémonie de l'abjuration et du sacre du nouveau roi, entré à Paris à la tête des Suisses et fut chargé d'en faire sortir les troupes étrangères.

En 1595, il passa la Garonne, joignit le duc de Ventadour, qui assiégeait Castanet, et fit reconnaître l'autorité du Roi à Rodez et dans l'Albigeois.

Le maréchal se préparait à poursuivre les Espagnols au delà des frontières, lorsqu'il mourut au château de l'Esparre, le 27 juillet 1597, frappé d'une attaque d'apoplexie, au moment où, d'après Brantôme (1) « il venoit de se mettre à table pour « y souper d'une gélinotte. Il se renversa tout à coup sur sa « chaise, tout roide mort ».

« C'étoit, dit le même historien, le capitaine le mieux né et « acquis à la patience que j'aie jamais vu, et très habile. Il « est mort le plus riche gentilhomme de France ; car, de « 10.000 livres de rente qu'il avoit quand il alla en Guyenne, « il en acquit 100.000 en douze ans de temps qu'il en a été « gouverneur ».

A propos de ses heureux résultats dans toutes ses entreprises, le peuple en tira la conclusion qu'il avait fait *un pacte avec le diable.* Brantôme rapporte à cet égard des détails nombreux et très fantaisistes (2).

Ce que nous pouvons dire de très certain, c'est que Matignon reçut à diverses reprises quelques gratifications relativement même assez modestes et qui ne furent en réalité que la juste

(1) *Vie des grands capitaines français.* IX. 167.
(2) Brantôme, id. Discours 84.

compensation de certaines avances faites par lui pour l'entretien et la solde des troupes à son service.

Ainsi, le 7 août 1574, la reine Catherine de Médicis lui délivra des lettres-patentes de 20.000 livres « pour son rem« boursement de pareille somme qu'il a employée en plusieurs « frais et mises qu'il a faitz durant la guerre qui a eu cours « en Normandie pour le service de Sa Majesté à la prinse et « réduction en son obéissance des villes de Saint-Lo, Carentan « et Domfront occupées par les ennemis et perturbateurs du « repos publicq (1) ».

L'année suivante, lorsqu'Henri III eut pris possession du trône, reconnaissant sans doute que cette première somme n'avait été qu'une simple dette acquittée, il crut de son devoir de reconnaître au vaillant chef de ses armées une plus large gratitude de ses immenses services. Alors, en plein conseil tenu le 12 août 1575, Sa Majesté lui accorda 100.000 livres à recevoir sur les biens du feu comte de Montgommery. Un mandat de 50.000 livres fut délivré, séance tenante, à Matignon.

Les récépissés sont joints à ces ordonnances (2).

Plus tard encore, le souverain eut également à cœur de lui offrir 16.000 écus *pour le relever de la perte de sa maison de Paris, du tout ruynée et desmolie durant les troubles et luy donner moien de la faire rebastir.*

De plus, dans le but de permettre à Matignon de satisfaire à ses engagements personnels envers M. de Veillac, naguères capitaine du Château-Trompette de Bordeaux, Henri III lui fit don de 12.000 écus montant de son obligation contractée *pour cette capitainerie* (3).

Ces documents sincères, indiscutables et qui se retrouvent à point, doivent à notre sens justifier entièrement des calomnies

---

(1) Bibl. Nat. Mss. Cabinet des Titres. Fonds Français. 28,374. Pièces originales. 1990. Dossier 43,526, n° 12. Pièce originale.
(2) Bibl. Nat. Mss. Mêmes sources, nᵒˢ 13, 14, 15, 16. Originaux.
(3) Bibl. Nat. Mêmes indications, n° 21. Titre original.

répandues sur la mémoire du maréchal par ses ennemis politiques et religieux.

XLVI. — N... DES ROZIERS
1594

Tout ce que l'on sait du capitaine des Roziers, c'est qu'il tenait garnison pour le Roi à Saint-Lo, le 11 novembre 1594.

Qui était-il et d'où venait-il? Nous l'ignorons. Cependant il existait vers ce temps plusieurs maisons de ce nom, qui toutes avaient des roses, en plus ou moins grand nombre, dans leurs armoiries.

L'une d'elles, entre autres, était représentée aux environs de Clermont en Auvergne, par Jean des Roziers, sieur de Laval (1).

Il avait épousé Jacquette Auriouse. Leur fils, Jacques des Roziers, seigneur de Laval, épousa Jeanne de Villemontée, par contrat du 17 décembre 1584 (2).

Il serait bien possible qu'il fût notre capitaine de Saint-Lo.

En 1667, M. de Machault, intendant d'Orléans, trouva une famille noble des Roziers, demeurant à Etampes (3).

XLVII. — ODET DE MATIGNON, COMTE DE THORIGNY
1595

Fils aîné du maréchal de Matignon, Odet, comte de Thorigny, prit part au fameux siège de Saint-Lo, de 1574. Son régiment, dont il était mestre de camp, y donna l'assaut définitif.

(1) Laval, fief noble des environs de Clermont, en Auvergne, Bibl. Nat., Cab. des Titres, Mss., Fonds Franç., 30.791, Carrés d'Hozier 562, p. 4.

(2) Bibl. Nat., Cab. des Titres, Mss., Fonds Franç., 30.186, Dossiers bleus, 591.

(3) Bibl. Nat., Cab. des Titres, Mss., Fonds Franç. 31.521, Nouveau d'Hozier 296, carton 6.787.

Dès auparavant, il avait fait ses premiers débuts, en qualité de capitaine de 50 hommes d'armes des ordonnances et de 100 arquebusiers à cheval. Gentilhomme de la chambre du Roi, en 1582, il se distingua à l'affaire des Gautiers, en 1588, au combat d'Arques, en 1589 et à la bataille d'Ivry, en 1590. Il fut également aux sièges de Rouen, d'Alençon, de Lisieux et de Laon.

Nommé gouverneur de Cherbourg, puis bailli d'Evreux, conseiller d'Etat le 31 octobre 1591, maréchal de camp, et chevalier des ordres du Roi, enfin lieutenant-général au gouvernement de la Normandie, sa fortune militaire pouvait grandir rapidement, lorsqu'il mourut le 7 août 1595. Né en 1559, il n'avait encore que trente-six ans.

Odet fut fort regretté du Roi. C'était, d'après de Thou (1), un jeune seigneur de grande espérance, d'une prudence et d'une valeur au-dessus de son âge.

Au dire de La Roque, *Histoire de la Maison d'Harcourt,* p. 1257, Odet de Matignon fut amiral de France.

Par nous-même, nous n'avons pas la preuve directe qu'il ait été capitaine de Saint-Lo. Cependant on nous l'a indiqué comme devant être inscrit avec cette qualité, d'après évidemment les Archives départementales de la Manche. De plus il est certain que Charles de Matignon, son frère, reçut après sa mort la survivance de ses charges et lui fut substitué dans ses dignités. Cette preuve est donc concluante.

XLVIII. — Charles de Matignon, comte de Thorigny
1596

Succédant à son frère aîné, Odet, Charles de Matignon reçut positivement du Roi la survivance des charges que celui-ci remplissait. Alors il dut avoir le titre de capitaine de Saint-Lo et se trouver investi de cet honneur une deuxième fois,

---

(1) De Thou, *Historia mei temporis*, lib. 112.

puisqu'il en avait été déjà pourvu en 1590, d'après le
P. Anselme, La Chesnaye-Desbois et autres chroniqueurs.

Quant à ses états de services, nous les avons déjà énumérés,
sous le n° 44 de notre liste.

D'après la *Nouvelle Biographie Firmin-Didot,* Charles
de Matignon, frère cadet d'Odet, et mort en 1622, reçut le
bâton de maréchal de France. Ce serait donc quatre personnages de cette famille qui auraient été honorés de cette insigne
et très haute fonction aux dates de 1579, 1622, 1708 et 17....
Mais ces troisième et quatrième maréchaux, Charles-Auguste
de Matignon, comte de Gacé, non plus que le fils de celui-ci
Louis Jean-Baptiste, nommé maréchal en survivance de son
père (1) ne furent pas capitaines-gouverneurs de Saint-Lo.

XLIX. — Troïlus Du Mesgouëz, marquis de la Roche
1597

L'existence de ce nouveau gouverneur de Saint-Lo dénote
chez lui un esprit d'aventures dignes d'échafauder un véritable
roman de cap et d'épée : qu'on en juge.

Appartenant par sa naissance au sol breton, Troïlus Du
Mesgouëz comptait au nombre de ses domaines le marquisat
de la Roche-Helgomarc'h, dont il prit le nom. Il possédait en
outre les fiefs du Mesgouëz, de Kermoalec et de Coëtarmoual.

Page et favori de la reine Catherine de Médicis, en 1550, il
obtint par elle de multiples faveurs. Ainsi, il devint capitaine
de 50 hommes d'armes de ses ordonnances, gouverneur de
Morlaix en 1568, chevalier de l'Ordre du Roi en 1569, président
de la noblesse de Bretagne aux états de Nantes en 1574, vice-
roi de Terre-Neuve et du Canada en 1579, gouverneur de
Saint-Lo et de Carentan en 1579 et vicomte des mêmes villes ;
puis enfin lieutenant-général, au nom d'Henri IV, et gouverneur du Canada. Il fut marié, en 1560, à Claude du Juch,

---

(1) Le Père Anselme, *Histoire générale de la maison de France,*
T. 5, p. 392.

veuve de Rolland de Lezongar, et en deuxièmes noces, à Marguerite de Tournemine. Sa mort survint au cours de l'année 1606 : il n'eut pas de postérité (1).

Avec la passion des entreprises que les chroniqueurs ont reconnue chez lui, Du Mesgouëz n'a pas dû laisser de traces nombreuses dans ses capitaineries de Saint-Lo et de Carentan, dont en réalité il semble avec intention avoir voulu se désintéresser, lorsque dès 1596 et 1598 il prépara ses incessantes pérégrinations en Amérique, à Terre-Neuve et au Canada.

Bornons-nous donc à analyser rapidement les principaux faits qui ressortent des actes qui nous sont particulièrement connus de lui.

Ainsi, dans l'espoir de hâter les armements maritimes qu'il préparait, il dut séjourner pendant l'hiver de 1596, à Honfleur, où le 12 novembre, il donna devant les tabellions de la vicomté d'Auge une procuration à Guillaume Ravend, sieur de Crussy, à l'effet de recevoir la somme de 5.500 écus, qui lui était due par la maréchale de Matignon.

Quatre mois plus tard, dans le même port de Honfleur, où il se trouvait encore, avec un congé de l'amiral, daté du 16 février 1597, et avant sa comparution devant le parlement de Rouen, le 17 avril suivant, Du Mesgouëz arrêtait les conditions de l'affrètement du navire *La Catherine*, du port de 160 à 180 tonneaux. Le capitaine Thomas Chefdostel, qui résidait habituellement à Vatteville, s'adonnait comme lui aux voyages lointains.

Le marché conclu entre eux disait ceci :

Le bâtiment devra être prêt à faire voile à une époque que l'acte ne précise pas. — Il ira au Brouage prendre son sel, et de là il cinglera dans les parages de l'Ile de Sable, pour faire sa pêche. — Son équipage sera de 33 matelots.

Le marquis de la Roche se réservait la faculté d'emmener une compagnie d'hommes de guerre, sous le commandement

---

(1) M. Pol Potier de Courcy, *Nobiliaire de Bretagne*.

du capitaine Kerdement, du lieutenant de Keroual et de
l'enseigne de Mondreville, ce. dernier des environs de Caen.
Il devait fournir les vivres de l'équipage et des soldats, plus la
moitié des gages des compagnons ou mariniers. Un premier
à-compte devait être payé à ces derniers pour les encourager à
faire le voyage.

Chefdostel, de son côté, louait son navire en bon état et
muni de tous les *apparaux* nécessaires et il prenait l'engage-
ment de payer la moitié des gages des compagnons. Il était
tenu de suivre la route indiquée et son retour à Honfleur.

Enfin les profits de la pêche devaient être partagés par tiers.

Séance tenante, Chefdostel reçut une somme de 350 écus
pour achat de biscuit et avances aux matelots.

On a fait remarquer que cette première expédition dirigée
vers l'Ile de Sable, située au sud du Cap-Breton, avait
précédé d'une année environ la remise des lettres de commission
par lesquelles Henri IV établit Troïlus Du Mesgouëz son lieutenant-général à la Nouvelle-Orléans. En effet, celui-ci avait
exécuté un premier voyage dans ces contrées dès 1577, puis
il avait, le 3 janvier 1578, reçu les premiers pouvoirs du Roi,
et ce fut sur ses rapports d'une réussite certaine pour une
colonisation sérieuse qu'il reçut le renouvellement d'une dernière commission, datée du 12 janvier 1598, qui, sous le titre
de lettres patentes royales, contenant pleins pouvoirs, le nom-
maient lieutenant-général au pays de Canada, d'Hochelaga, de
Terre-Neuve, de Labrador, etc. Il était donc permis au marquis
de la Roche de tout entreprendre et le résultat de cette haute
mission fut nul.

D'après les relations de Champlain et de Lescarbot, le marquis s'embarqua de sa personne avec une cinquantaine de
colons pris dans les geôles et dans les prisons, lorsqu'il eut
reçu cette dernière mission.

C'est dans cette prévision d'aller coloniser que furent rédigés
deux nouveaux contrats des 16 et 18 mars 1598, dans lesquels
il prend ce titre de lieutenant-général pour le Roi au pays de

Canada, Ile de Sable et pays adjacents. Les actes furent encore libellés par les notaires de Honfleur et Thomas Chefdostel, lesquels, ainsi que Jean Girot traitèrent avec le marquis *en faveur de l'amitié et service qu'ils lui doivent* selon leur propre expression qui témoigne de leur reconnaissance antérieure.

Ils s'engagèrent à mettre à ses ordres les navires *La Catherine* et *La Françoise*, de 180 et de 90 tonneaux. Tout d'abord, ils devaient se rendre à La Hougue, puis de là, faire voile, *de conserve avec les autres vaisseaux dudit seigneur*, pour l'Ile de Sable et l'y mettre à terre, lui et ses gens. Une fois la saison de la pêche terminée, les capitaines devaient rembarquer le marquis et le ramener à Honfleur. Les prix convenus étaient, pour le premier, de 1800 livres et pour le second, de 1200 livres.

En réalité, Du Mesgouëz faisait tous les frais de l'entreprise. En retour, il prenait sa moitié des profits commerciaux, pour se récupérer.

Du reste, il semble prouvé que le marquis de la Roche inspirait quelque confiance au commerce, puisqu'il attirait les capitaux des marchands de Rouen, de Caen et de Lisieux.

Mais au point de vue de la colonisation militaire du lieutenant-général, les résultats en sont restés assez obscurs. On sait seulement qu'il avait reconnu « les côtes du continent le plus proche, qui sont celles de l'Acadie ».

Sans aller plus avant et repoussé par les violences d'une tempête, il reprit alors la route de France.

Ce qui est certain et incontestable, c'est l'abandon dans l'Ile de Sable, des cinquante malheureux colons qu'il avait amenés avec lui, dans l'espérance de leur créer une nouvelle patrie. On peut se demander quel fut le motif de son action. Céda-t-il au découragement de ne pouvoir les ramener en France, ou le fit-il avec le désir de ne pas les avoir à sa charge pendant le trajet

---

(1) Champlain (*). Lescarbot. Charlevoix (**)
(*) *Voyages du sieur de Champlain* ou *Journal des Découvertes à la Nouvelle France.*
(**) *Histoire générale de la Nouvelle-France, 1744.*

du retour ? Ou bien de la part de ceux-ci, y eut-il tentative d'insubordination ou même des menaces ? Mystère.

Toujours est-il que onze d'entre eux seulement purent être recueillis et rapatriés par Chefdostel, cinq années plus tard, en 1603 (1).

On raconte qu'ils furent reçus par Henri IV, dans un équipement qui, au dire des anciens auteurs, les rendait assez semblables *aux dieux marins*, c'est-à-dire, couverts de peaux de bêtes sauvages, les cheveux et la barbe d'une prodigieuse longueur. Le Roi, touché de leur état de misère, leur fit donner à chacun cinquante écus, et les *déchargea de toutes poursuites de justice*, ce qui autoriserait à dire qu'ils avaient, par leur conduite, mis Troïlus Du Mesgouëz dans l'absolue nécessité de commettre un acte odieux d'inhumanité On a conservé les noms de ces malheureux exilés (1).

Le mauvais succès des tentatives diverses du marquis de la Roche n'empêcha point qu'après sa mort de nombreux postulants sollicitèrent cependant la commission qu'il avait reçue du Roi (2).

L. — Pierre de Marseilles, sieur du Perrey
1597-1602

Un document des Archives de la Manche, daté du 16 janvier 1597, constate que noble homme Pierre de Marseilles, sieur du Perrey, agissant en qualité de capitaine commandant, occupait alors la citadelle de Saint-Lo, pour le service du Roi. Nul autre détail ne nous renseigne sur ses faits et gestes jusqu'en 1602, qu'il y était encore ; c'est bien sommaire.

De même, à la Bibliothèque Nationale, une généalogie qui n'indique aucune date, ni aucune espèce d'origine, se borne à cette seule filiation.

---

(1) Gosselin, *Documents inédits*, pp. 16 et 17.
(2) MM. Charles et Paul Bréard, *Documents relatifs à la marine normande*, p. 74 et suivantes.

Pierre de Marseilles, père de Nicolas, épousa Françoise Chastel.

Ils eurent pour fils Pierre de Marseilles, qui épousa Jeanne de Guerville. — D'eux naquit François de Marseilles, sieur de la Chastellière, demeurant à Notre-Dame des Chastelliers.

Ce dernier produisit une demande de maintenue dans sa noblesse.

Le dossier en question n'indique, ni devant quel intendant il se présenta, ni à quelle époque.

Ces Marseilles avaient pour armes, *d'azur à trois gerbes d'or* (1).

Et c'est tout. Les généalogistes en général n'en disent pas davantage.

LI. — Jacques de Matignon, comte de Thorigny
1612-1626

Le second fils de Charles de Matignon et de Eléonore d'Orléans fut Jacques, comte de Thorigny, né le 20 mars 1599. Elevé comme enfant d'honneur auprès du jeune roi Louis XIII, il fut capitaine de 100 hommes d'armes, lieutenant-général du gouvernement de Normandie et gouverneur de Cherbourg et de Granville, qui formaient avec Saint-Lo une véritable trilogie intangible, en survivance à son père, dès l'année 1612.

Tout jeune encore, il exerça par commission la charge de mestre de camp de cavalerie légère, dans l'armée d'Italie, en 1625 et fut tué en duel par le comte de Boutteville, le 25 mars 1626 (2).

---

(1) Bibl. Nat., Cab. des Titres, Mss., Fonds Franç., 29.975, Dossiers bleus, carton 11.556.

(2) François, comte de Montmorency-Bouteville, ayant voulu braver l'édit de 1627, sur le duel, se battit au milieu de la Place-Royale, à Paris, avec le marquis de Beuvron. C'était son vingt-deuxième duel. Arrêté par ordre de Richelieu, il fut condamné à mort et exécuté.

Il avait épousé Henriette de la Guiche, fille de Philibert de la Guiche, grand maître de l'artillerie de France et gouverneur du Lyonnais.

LII.— Jean Houël, sieur de Houesville.

1637

Le nom de Houël me rappelle avec un grand plaisir deux membres très distingués d'une famille que j'eus l'honneur de connaître et de pouvoir apprécier, il y a plus de cinquante ans.

L'un, M. le chevalier Houël, alors âgé de 80 ans, voulut parcourir avec moi nos sites merveilleux de la ville de Mortain, et malgré une longue course à travers nos cascades torrentueuses de la vallée de la Cance, il n'hésita point d'un pas alerte à gravir notre chaîne de montagne abrupte et à pénétrer jusqu'à la grotte presque inaccessible des Sarrasins. J'avoue que je redoutais un accident possible, et j'éprouvai quelques difficultés à l'introduire dans la caverne, dont l'accès était périlleux.

Le second, M. Ephrem Houël, officier de la Légion d'honneur, alors président de notre chère Société, me fit un accueil charmant lorsque j'eus l'honneur de me présenter à son manoir de la Trapinière, près de Saint-Lo ; rarement, je puis le dire, j'ai rencontré un homme plus aimable et plus sympathique.

Bien que nous ayons quelques raisons de penser que Jean Houël, sieur de Houesville, capitaine de Saint-Lo en 1637, appartenait à la même famille, nous ne saurions l'affirmer d'une façon positive, car tout ce que nous savons sur son compte provient d'un extrait de généalogie *Folliot*, communiqué par M. du Boscq de Beaumont, d'où il résulte que Marie Martin (de Saint-Lo), veuve en premières noces de M. Le Monnier de La Croix, s'était remariée avec noble homme Jean Houël, sieur de Houesville, capitaine de la citadelle de Saint-Lo. Jeanne Martin, sœur de Mme Houël, était, en 1602, femme de Pierre Folliot ; elles étaient toutes deux filles de

Pierre Martin, procureur fiscal de la baronnie de Saint-Lo.
Cette famille Martin devait être une branche des Saint-Martin
de Cavigny dont descendait le célèbre abbé de Saint-Martin.
Ils avaient obtenu commutation de leur nom de Martin en
celui de Saint-Martin. On voit, en effet, figurer comme cousin
au mariage de Gratienne Folliot, fille de Pierre et de Jeanne
Martin avec Eustache Feuillet en 1637, noble homme Michel
de Saint-Martin, sieur des Hayes et de Cavigni, receveur du
taillon en l'élection de Carentan. Jean Houël dut rester plusieurs années dans son commandement de la forteresse de
Saint-Lo. Cependant, d'après un document de 1641, il ne se
disait que lieutenant de Monseigneur de Matignon en la ville
et citadelle de cette place (1). Nous pensons que c'était par
pure déférence.

La famille de notre ancien président, M. Ephrem Houël,
était originaire de la paroisse de Rouxeville, près Saint-Lo,
où elle avait possédé au xv⁰ siècle la seigneurie de Grouchy,
et la vavassorie du Breuil (2). Elle donna au xvii⁰ siècle un
juge-garde à la monnaie de Caen en la personne de Charles
Houël, sieur de la Houssaye (1694).

LIII. — François de Matignon, marquis de Lonray
1639-1651

Connu sous le nom de marquis de Lonray, François de
Matignon était le quatrième des fils de Charles de Matignon
et d'Eléonore d'Orléans, et le second frère de Jacques, comte
de Thorigny, qui précéde.

Il naquit à Saint-Lo, le 17 mars 1607.

Parti pour les armées, il se distingua dès l'âge de 16 ans
aux guerres d'Italie, sous les ordres de son frère aîné, mestre

---

(1) Archives de la Manche (Fonds Barrey).
(2) Cf. *La franche vavassorie du Breuil en la paroisse de
Rouxeville*, par M. G. du Boscq de Beaumont. XVIII⁰ vol. de ces
Mémoires.

de camp de cavalerie légère, et fut blessé en 1625, aux approches de Gavy. En 1628, il prit part au siège de La Rochelle ; puis l'année d'après, il suivit le Roi en Savoie et se signala au combat de Rouvray, en 1632.

Gouverneur de Cherbourg, en 1638, et capitaine de Saint-Lo et de Granville, en 1639, il devint mestre de camp d'un régiment d'infanterie, en 1643, conseiller d'Etat et appelé aux conseils privés du Roi, le 21 juillet de la même année; il fut promu lieutenant-général des armées royales, le 10 juillet 1652 et capitaine de 100 hommes d'armes des ordonnances, le 9 septembre suivant.

Reçu chevalier des Ordres, le 31 décembre 1661, François de Matignon mourut à Torigni, le 19 janvier 1675. Il avait eu 12 enfants d'Anne Malon de Bercy, fille de Claude Malon de Bercy, président au grand conseil, qu'il avait épousée en 1631.

Suivant un acte des tabellions royaux de Saint-Lo, du 18 février 1652, François de Matignon acquit, pour le prix de 48.500 livres les fiefs et terres nobles de Bonfossey et de La Montpinsonnière. Le vendeur était Thomas Loisel (1).

LIV. — Henri de Matignon, comte de Thorigny
1651-1665

Sur la démission de François de Matignon, son père, Henri, sire de Matignon, comte de Thorigny, né au château de Lonray, reçut en 1643 son brevet de colonel d'infanterie. Huit ans plus tard, en 1651; il fut fait lieutenant-général de la Basse-Normandie, et la même année, il devint gouverneur des villes de Cherbourg, Granville et Saint-Lo, ainsi que de l'île de Chausey.

Il se trouva à l'attaque des lignes d'Arras, en 1654, et aux capitulations de Montmédy, de Dunkerque et de Gravelines, en 1658. Peu après, il obtint des lettres de conseiller d'Etat,

____

(1) Arch. Nat. Papiers séquestrés des Grimaldi-Matignon.

et le droit d'avoir ses entrées au parlement de Rouen. Enfin,
il se fit remarquer à la déroute du comte de Marsin, en 1667..

Henri de Matignon fit foi et hommage au Roi de son comté
de Thorigny, le 9 février 1668, et mourut à Caen le 28 décembre
1682.

Sa femme fut Marie-Françoise Le Tellier, dame de la
Luthumière. L'une de leurs filles, Charlotte, épousa Jacques de
Matignon, son propre oncle.

LV. — Raphael Le Painteur, écuyer, seigneur de Launay-Bois-Jugan

1668

Capitaine et gouverneur de Saint-Lo, Raphaël Le Painteur
remplissait ce commandement le 26 février 1668, au dire de
certains actes des Archives de la Manche.

Nous ne savons rien de plus. Il appartenait aux Le Painteur
de l'Election de Bayeux qui avaient pour armoiries : *d'or au
chef de gueules, chargés de deux aigles du premier* (1).

LVI. — Jacques de Matignon, comte de Thorigny

1693-1713

Jacques de Matignon naquit à Torigni, le 28 mai 1644.

Seigneur du duché d'Estouteville, comte de Thorigny et
baron de Saint-Lo, il fut lieutenant-général des armées du Roi
et de la province de Normandie, en 1693, et gouverneur des
villes et châteaux de Cherbourg, de Granville, de Saint-Lo et
de l'île de Chausey.

Reçu chevalier de l'Ordre de Saint-Jean de Jérusalem, au
grand prieuré de France, à Paris, le 11 mai 1651, et plus tard
chevalier des Ordres du Roi, en 1686, il avait débuté comme

---

(1) Armorial de *Le Laboureur*. — Bibl. Nat., Cab. des Titres,
Mss., Fonds Français, 30,707. Carrés d'Hozier, 478.

guidon des Gendarmes Ecossais. Il prit part, en 1664, à la prise de Gigery, en Barbarie, sous le duc de Beaufort, et en Portugal, sous le comte de Schomberg.

Au sacre de Louis XV, il fut de ceux qui portèrent les honneurs et les insignes royaux. Il mourut à Paris, le 14 janvier 1725 et son corps fut transporté à Thorigny, lieu de la sépulture de sa famille. Sa femme fut Charlotte de Matignon, sa nièce, qu'il épousa par dispense en 1675. Elle lui avait apporté le comté de Thorigny et ils formèrent la branche de leur maison, désignée sous le nom de Thorigny.

En 1687, Jacques de Matignon habitait à Paris, dans son hôtel, rue Saint-Dominique, en la paroisse de Saint-Sulpice. Le 23 juin de cette année, par devant les notaires du Châtelet, M. de Majainville, trésorier du duc d'Orléans, délivrait quittance à Matignon de 2.000 livres pour un semestre du loyer de l'hôtel de la Rocheguyon, situé rue des Bons-Enfants, près le Palais Royal (1).

LVII.—Jacques-François-Léonor de Matignon-Grimaldi, Prince de Monaco, duc de Valentinois

1713-1731

Né à Torigni, le 22 novembre 1689, Jacques-François-Léonor de Matignon fut pourvu en 1713, par la démission de son père, des charges de gouverneur des villes et châteaux de Cherbourg, de Granville et de Saint-Lo, et des îles de Chausey.

Jusque là, il avait été colonel d'un régiment d'infanterie, en 1702, mestre de camp du régiment Royal-Etranger (cavalerie), en 1710, à la tête duquel il fit, en Flandre, les campagnes de 1711 et 1712, et se trouva au combat de Denain et aux sièges de Douai, du Quesnoy et de Bouchain ; puis en Allemagne, en 1713, aux sièges de Landau et de Fribourg. Il passa en-

---

(1) Bibl. Nat., Cab. des Titres. Mss. Fonds Franç. 28.374. Pièces orig. 1990. Doss. 43.526, n° 48.

suite en Espagne, en 1719, sous les ordres du maréchal, duc de Berwick.

Son mariage, accompli le 20 octobre 1715, avec Louise Hippolyte Grimaldi, duchesse de Valentinois, fille d'Antoine, prince souverain de Monaco, combla sa fortune.

Toutefois la condition d'une substitution de nom lui fut imposée dans cette circonstance et il dut prendre pour lui et ses héritiers le nom et les armes de Grimaldi. A cette occasion encore, le Roi en faveur de cette union, par brevet du 27 juillet 1715, accorda à Léonor une nouvelle constitution personnelle du duché de Valentinois, qu'il éleva en pairie.

Après l'accomplissement des formalités nécessaires et l'enregistrement des lettres patentes qu'il en avait reçues, il fut admis aux conseils de la pairie, le 14 décembre 1716.

Son beau-père, le prince de Monaco, étant mort en 1731, il prit possession de sa principauté le 30 mai de cette année. Deux années plus tard, au mois de décembre 1733, il abandonna Monaco à son fils aîné, en reprenant le titre de duc de Valentinois. Il mourut à Paris, le 23 avril 1751.

LVIII.— Luc-François Du Chemin, seigneur de La Tour.
1718-1731.

Déjà nous avons signalé un membre de la famille Du Chemin, le sieur de la Haulle, comme gouverneur de Saint-Lo, en 1589 et 1590 (1).

Luc-François, dont il est question ici, appartenait à la branche cadette de la même maison, laquelle s'était divisée dès la première génération qui avait suivi La Haulle, parce que le propre fils de ce premier capitaine avait eu deux enfants, Luc et François. Cette seconde branche des Du Chemin fut désignée sous la dénomination de seigneurs de La Tour ; elle y ajouta même les domaines de Bahais et de la Vaucelle.

---

(1) Voir notre article nº XLIII.

Quant à Luc-François, chevalier de Saint-Louis, commandeur des ordres de Notre-Dame du Mont-Carmel et de Saint-Lazare de Jérusalem, il fut lieutenant-général d'épée du bailli de Coutances et lieutenant des maréchaux de France, depuis 1725, et même grand bailli de Coutances, en 1718, au dire de l'historien Chantereine (1). M. Léopold Delisle (2) a eu cependant quelques doutes sur cette dernière qualité, parce que son nom ne figurait pas dans la liste donnée par l'Almanach de Coutances. Il est pourtant certain, et nous en avons la preuve, qu'il remplit cette dernière fonction.

Lorsqu'il reçut les insignes des Ordres royaux, il dut fournir les justifications de sa noblesse et il présenta ses titres au maréchal duc d'Estrées, dont le procès-verbal porte la date du 25 janvier 1720 (3). Ces titres et la généalogie qu'il fit dresser, furent vérifiés par D'Hozier. Son brevet des Ordres du Roi, était daté du 17 janvier 1720 et la cérémonie de la remise de ses insignes, avec l'accolade du duc d'Estrées, eut lieu le 25 du même mois.

Né le 22 janvier 1684, Du Chemin avait, en considération de ses services, obtenu de Louis XIV, le 1er avril 1704, une commission de colonel d'un régiment d'infanterie, pour servir en Normandie. En cette qualité, il avait été sous les ordres de Vassan, commandant de l'armée normande et du comte de Moncault, directeur général des troupes de cette province, chargé de veiller à la défense des côtes maritimes. Il présentait deux certificats de son service, qui lui avaient été délivrés les 12 avril 1706 et 18 juin 1707.

Pourvu le 19 mai 1708 de l'office de lieutenant-général du baillage du Cotentin, au siège de Saint-Lo, il y avait été reçu au parlement de Rouen, le 5 juin suivant.

Louis XIV l'avait, le 27 décembre 1709, par lettre spéciale,

(1) Chronologie manuscrite des baillis du Cotentin.
(2) M. Léopold Delisle, *Mémoire sur les baillis du Cotentin*, p. 59.
(3) Bibl. Nat., Cab. des Titres, Mss., Fonds Franç., 26,726, **Dossiers bleus**, carton 4.701.

nommé commissaire pour la répartition de la capitation sur la noblesse de l'élection de Saint-Lo.

Déjà commandant pour le Roi au gouvernement de cette ville, le parlement de Rouen rendit un arrêt le 2 juillet 1718, qui décida que le marquis de Crévant, bailli du Cotentin, étant mort, Luc-François Du Chemin jouirait jusqu'au remplacement à cette charge, de tous les honneurs attribués à ce haut magistrat.

La même année, — et ceci nous intéresse plus particulièrement — il reçut sa commission, datée de Paris le 12 décembre 1718, qui lui donnait le titre de gouverneur commandant des ville et château de Saint-Lo.

Enfin, deux certificats lui furent délivrés les 24 et 25 juillet 1719, par le duc de Luxembourg, gouverneur de Normandie et lieutenant-général de cette province, qui constataient, non-seulement qu'il avait servi sous ses ordres, en qualité de colonel sur les côtes, depuis l'année 1704, jusqu'à la paix, mais de plus, qu'il remplissait alors (1719), les fonctions de bailli du Cotentin et de commandant de la noblesse de ce bailliage.

Ses états de services étaient importants. Aussi, comme récompense de son *zèle* et de son *application*, sur l'instante sollicitation du maréchal d'Estrées, Sa Majesté lui avait accordé la croix de l'ordre de Saint-Michel.

Luc-François Du Chemin avait épousé à Paris, le 23 décembre 1713, Marie-Anne-Henriette Pellé, fille de Edme Pellé, secrétaire du Roi, maison et couronne de France (1).

Nous tenons surtout à signaler deux documents qui émanent de lui, parcequ'ils intéressent particulièrement Saint-Lo.

Le premier, daté de l'hôtel habité par Du Chemin, le 20 novembre 1702, outre l'énonciation de ses qualités, nous fait connaître la *Place* Royale de la ville de Saint-Lo (2). Or,

---

(1) Bibl. Nat. Mss. Cab. des Titres. Fonds Franç. 26.726. Dos·siers bleus, 181. Dossier 4.701.

(2) Voir notre pièce justificative G.

nous doutons que dans le département actuel de la Manche, aucune de ses *places* soit qualifiée de Royale, et nous ne connaissons à Saint-Lo que son unique Place du champ de Foire, titre qui nous semble bien vulgaire pour une ville chef-lieu départemental.

Notre deuxième acte, du 14 janvier 1707, est le procès-verbal d'une information dressée contre trois cavaliers du régiment Le Colonel-Général, qui s'étaient évadés des prisons de la ville. Accusés de faux saunage, ils avaient été enfermés par l'ordre du marquis de Magny, intendant de la généralité de Caen. Dans les pièces de cette procédure judiciaire, Du Chemin prend les titres de maire et colonel perpétuel de la ville de Saint-Lo, et de subdélégué de l'intendant de Caen (1).

En résumé, voici les dates des principaux brevets possédés par Luc-François Du Chemin de La Tour :

2 avril 1704, commission de colonel d'infanterie.

27 février 1707, brevet de chevalier de justice de l'Ordre de Saint-Lazare.

12 février 1718, commission de commandant pour le Roi au gouvernement de Saint-Lo.

26 janvier 1720, brevet de chevalier de l'Ordre du Roi.

LIX. — Charles-Maurice Grimaldi, chevalier de Monaco
1751-1771

Frère cadet du prince de Monaco, Charles-Maurice Grimaldi, dit le chevalier de Monaco, fut connu sous le nom de comte de Valentinois et de sire de Matignon, qualités qui lui sont données dans l'acte d'acquêt passé à Paris, devant Delaleu et Leclerc, notaires, d'un hôtel situé grande rue du Faubourg Saint-Honoré, comprenant jardin et dépendances. Son vendeur était Etienne Bouret, chevalier,

---

(1) Bibl. Nat. Mss. Cab. des Titres. Fonds Franç. 27.215. Pièces originales, 731. Doss. 16.676, n° 4.

secrétaire du Roi (1). Au moment de cette acquisition, il habitait son hôtel, rue du Bac, paroisse de Saint-Sulpice. Dans cet acte, il prenait les titres de grand d'Espagne de 1re classe, chevalier de Saint-Louis, brigadier des armées royales, et lieutenant-général de la Normandie.

De plus, il était gouverneur des villes et citadelles de Saint-Lo, de Cherbourg, de Granville et des îles de Chausey (2).

Né à Paris, le 14 mai 1727, il n'avait que 18 ans lorsqu'il prit part, en qualité de guidon de gendarmerie, à la bataille de Fontenoy, où il fut blessé ainsi que son frère. Il nous est possible de rappeler ses débuts à l'armée :

8 mars 1746, enseigne des gendarmes de Bretagne.

8 mars 1747, sous-lieutenant de la même compagnie.

10 février 1759, brigadier de cavalerie.

A Paris, il avait épousé en la chapelle de l'hôtel de Saint-Simon, Marie-Christine-Chrétienne de Rouvroy de Saint-Simon, fille unique de Jacques-Louis, duc de Saint-Simon, dit le duc de Ruffec, pair de France, chevalier de la Toison d'Or et maréchal de camp des armées du Roi.

LX. — HONORÉ-GABRIEL DE GRIMALDI, PRINCE DE MONACO
1771-1793

Succédant à son père, Honoré-Gabriel de Grimaldi prit alors les titres de prince souverain de Monaco, duc de Valentinois et d'Estouteville, comte de Thorigny et baron de Saint-Lo. Il dut, de plus, recevoir, en 1771, le gouvernement du château de Saint-Lo après la mort ou la démission de Charles-Maurice Grimaldi, son oncle.

Ce prince est le dernier que Saint-Lo et Torigni virent

___

(1) Archives Nationales. Papiers séquestrés de la famille de Grimaldi-Matignon.

(2) Archives Nationales, mêmes fonds. — Archives de la Manche.

jouir avec éclat des dignités et de l'immense fortune que lui avaient acquis et légués ses ancêtres.

Très jeune encore, il avait été blessé à Fontenoy, le 11 mai 1745, en chargeant, à la tête de quatre escadrons de gendarmerie, la fameuse colonne de la coalition des Anglais, des Autrichiens et des Hollandais. Dans cette bataille, l'une des plus mémorables des annales de France, le maréchal de Saxe se couvrit de gloire.

C'est du duc de Valentinois que Voltaire a dit, dans son poëme sur cette journée :

Monaco perd son sang, et l'amour en soupire.

Il était doué, en effet, d'un physique remarquablement beau, plein de grâce et d'une aménité qui lui faisait une renommée universelle. Son portrait existe et il égale tout au moins les figures de Louis XV, dans sa jeunesse, du chevalier d'Aydie, l'amant de l'incomparable Aïssé, et du duc de Penthièvre, qui sont les types les plus ravissants que nous ayons rencontrés.

Mais mieux que ces avantages dûs à la nature, il était instruit, spirituel et possédait un cœur excellent et charitable qui lui faisait attirer vers lui tous ceux qu'il approchait et qu'il fascinait de ses charmes.

Honoré atteignit au grade de maréchal de camp dans l'armée française.

Tour à tour, il habitait Paris, Monaco et Torigni. Sa résidence à Paris devait être bien probablement à l'hôtel de la grande rue du Faubourg Saint-Honoré, paroisse de la Madeleine de la Ville-l'Evêque, qu'il avait dû trouver dans l'héritage de Charles-Maurice, son oncle, qui l'avait acquis le 13 mars 1771.

En 1789, le prince de Monaco se montra favorable aux idées nouvelles qui se manifestèrent alors. Il eut le courage et la loyauté d'accompagner Louis XVI au Champ-de-Mars, à la Fédération du 14 juillet 1790. Il n'émigra pas et se vit néanmoins confisquer tous ses biens et incarcérer. Les populations de Torigni et de Saint-Lo réclamèrent en vain sa mise en liberté. Il mourut en prison avant d'avoir été appelé devant le tribunal révolutionnaire.

Les traités de Vienne (1815) restituèrent à ses fils la partie de sa fortune qui n'avait pas été aliénée, avec l'Etat indépendant de Monaco. La principauté est actuellement, rappelons-le ici, entre les mains de S. A. S. le prince Albert, un savant de premier ordre, qui, en mémoire de ses ancêtres, a daigné accepter le titre de membre honoraire de notre Société.

PIÈCES JUSTIFICATIVES

A

10 Mai 1580.

Mémoire adressé au Roi par d'O, ou par Longaunay, sur les mesures à prendre pour mettre les places de la Basse-Normandie à l'abri d'un coup de main.

(Bibliothèque Nationale Mss. Fonds Français. Nouvelles Acquisitions. 6.646, n° 99).

Sire,

Pour ce que Vostre Majesté désire pourveoir à la garde des places de ce royaulme pour empescher qu'aucuns qu'elle est advertye prendre les armes contre son autorité et le repos publicq, et au préjudice de son dit édic de paciffication s'en puissent prevalloir, j'ay pensé que pour le debvoir de ma charge de l'advertir de l'estat des villes et places de mon gouvernement dont en général il n'y a pas une où il ne soit besoing de grandes réparacions pour la mectre au point qu'il seroit bien à désirer pour la seure garde d'icelles. Mais pour congnoistre vos affaires si necessiteuses qu'elles ne pourroient porter telles despenses je m'arresterai seullement à vous adviser de celles ausquelles il fault de nécessité pourveoir.

Et pour ce vous dirai-je, Sire, que la ville de Saint-Lo est demeurée et est encore à présent, depuis la prise d'icelle sur ceulx de la relligion prétendue refformée par Monsieur de Matignon avec la mesme bresche qui fust faicte pour y entrer, sans que l'on y ait rien réparé. Mais au contraire l'injure du temps l'a tellement augmentée qu'elle est maintenant de trois à quatre cens pas, et de si facille accez qu'il est aussy aysé d'entrer en la ville par là que par les portes, qui sont aussy demeurées sans pontz, barrières ny portes, ce qui a rendu la ville comme déserte, pour n'y estre les habitans non plus cloz et en seuretté que dans ung villaige. Et pour ce que demeurant en l'estat où elle est, il seroyt fort aysé de s'en emparer, et avecq les moiens dont usent les ennemys, la fortiffier, de façon que vostre service en recevroit beaucoup d'incommodité, il est necessaire que Vostre Majesté la face reparer, et y mettre garnison et à ceste fin en faire adviser et ordonner le moien au plus tost qu'il sera possible ; ou bien, pour oster du tout l'espérance que l'on pourroit avoir de s'en prevalloir et fortiffier contre vostre dit service, la demanteller et abbattre les murailles qui en restent.

La ville de Quarentan, etc. Vostre Majesté advisera donc s'il luy plaist.

Réponses du Roi, mises en marge du Mémoire.

I. — Le Roy estant en son conseil a faict lire et proposer cest article sur lequel monsieur le mareschal de Matignon, qui y estoit, à qui appartient le dit Sainct-Lo, s'est chargé de la garde et seuretté de la dicte place, en luy faisant fournir mil ou douze cens livres. Il a esté advisé que l'on prendroit des deniers commungs et patrimoniaulx de la dicte ville, et que, s'ilz n'y pouvoient satisfaire, que l'on leveroit le reste sur les habitans de la dicte ville et lieulx circonvoisins.

Faict à Paris, le Roy estant en son conseil, le X⁰ may 1580.

Signature, Henry, *autographe. Contresigné*, Pinart.

B

21 octobre 1585.

Lettre de Henri III à Longaunay.

Ordre de démantèlement du château de Saint-Lo.

(Bibliothèque Nationale. Manuscrits. Fonds Français. Nouvelles Acquisitions, 6.646, n⁰ 130).

J'ai receu les lettres que m'avez escriptes le .... jour de ce présent mois. Ausquelles je vous diray qu'ayant considéré l'advis que vous me donnez du danger qu'il y auroit que ceulx de la nouvelle relligion se saississent de ma ville de Saint-Lo, comme ilz ont faict durant les preceddens troubles, j'ay resollu de la faire desmanteler, ou moings faire si bien et amplement ouvrir les breches qui y ont esté cy-devant faictes que l'on ne se puisse plus servir de la forteresse de la dicte ville. A ceste fin, j'ay faict expédier mes lettres patentes de commission addressantes au sieur de Carrouges et en son absence à vous que je vous envoye, suivant lesquelles vous ferez besogner en toute dilligence à lad. desmolicion et ouvertures, afin qu'il ne puisse arriver aulcun inconvenient d'icelle ville.

Qnand à celluy de lad. nouvelle relligion que m'escripvez qui va pour les maisons de ceulx de sa relligion, il sera bien faict de le faire observer et sçavoir à quelle fin pour m'en advertir incontinent et selon cela je vous feray entendre mon intention, etc., etc.

Escript à Paris le XXI⁰ jour d'octobre 1585.

Signature, Henry, *autographe. Contresigné*, Pinart.

C

18 novembre 1585.

Lettre de Henri III à Longaunay.

Ordre de surseoir à la démolition du château de Saint-Lo.

(Bibliothèque Nationale. Manuscrits. Fonds Français. Nouvelles Acquisitions. 6.646, n° 133).

A Monsieur de Longaunay, gentilhomme ordinaire de ma chambre et mon lieutenant au gouvernement des bailliages de Gisors et Costentin.

Monsieur de Longaunay, je vous sçay bon gré que vous ayez si bien pourveu à la garde et seurté de ma ville de Saint-Lo et de Pontorson, que ceulx de la nouvelle oppinion qui s'estoient desbandez d'avec mon cousin le prince de Condé n'ayant peu s'y retirer et s'en emparer comme vous m'escriviez qu'ilz estoient en ceste vollonté et dellibération et puisque vous ne trouvez pas qu'il soit à propos de desmanteller lad. ville de Saint-Lo et que vous avez différé de la faire sur ce que je vous en avais escript et mandé, à tout le moins faut-il que les habbitans cathollicques d'icelle facent si bon debvoir de la garder avec la compagnie d'harquebouziers à cheval que je y envoie, que soient et seront bien paiez encore pour deux mois, qu'il n'en puisse arriver aucun inconvénient, etc.

Je prie Dieu, Monsieur de Longaunay, vous avoir en sa sainte et digne garde. Escript à Paris, le XVIIIe novembre 1585.

Signature, HENRY, *autographe. Contresigné*, PINART.

D

25 novembre 1585.

Autre lettre du Roi à Longaunay.

(Bibliothèque Nationale. Manuscrits. Fonds Français. Nouvelles Acquisitions. 6.646, n° 134).

Je vous ay faict une semblable depesche que celle cy-dessus

et combien qu'elle satisface au contenu de la lettre du XXII° de
ce mois que j'ay receue par ce porteur. Touttefois je vous
diray que puisqu'il n'est pas à propos de faire à présent le
démantellement de Saint-Lo, il fault que les habbitans dud.
Saint-Lo y facent si bonne garde qu'il n'en puisse arriver
inconvénient. Pendant que la compagnie d'harquebouziers à
cheval que je y envoie y demeurera il y aura plus de seureté.
Mais pour ce qu'elle n'y peult pas estre toujours, il fauldra
bien que ayez soigneusement l'œil ad ce que lesd. habbittans
cathollicqués y facent si bonne garde qu'il ne y rien adrive.
Et de ce que je m'en reposerai sur vous. A qui je diray pour
le regard des quarante harquebouziers que demandez pour y
mettre et pour vous en servir, comme pour garde, en l'esten-
due de vostre charge. Estans lesd. harquebouziers à cheval en
garnison aud. Saint-Lo, vous vous en pourrez tousiours ayder
en ce qui sera besoing.

Escript à Paris, le XXVme de novembre 1585.

Signature, Henry, *autographe. Contresigné*, Pinart.

E

25 novembre 1585.

Lettre de l'amiral de Joyeuse à Longaunay.

(Bibliothèque Nationale. Manuscrits. Fonds Français. Nouvelles Acquisitions, 6.646, n° 213).

Monsieur de Longaunay, vous avez maintenant esté averty
de l'intention de Sa Majesté sur le démantellement de la ville
de Saint-Lo. Et comme suivant l'aviz que vous luy en donnez
et les remontrances qui luy en ont esté faictes par les habitans,
il trouve bon de faire surseoir. Cependant, pour plus de seureté
de lad. ville, vous establirez en garnison la compaignie du capitaine La Bastide, de laquelle et de celle de Bidon, vous vous
servirez à toutes occazions pour le service de Sa Majesté, et
comme vous connoitrez estre nécessaire.

Je loue Dieu de ce que vous m'escrivez touchant la réunion des gentilshommes de la nouvelle oppinion à l'église catholicque. L'intention du Roy est que ceulx qui se réduiront et baieleront bonnes cautions et assurances de ne porter plus les armes, ne soient aucunement molestez. Ce que je vous prie leur faire entendre au reste.

Je vous prie semblablement de commander au vy-bailly au sujet de la vollerie et des violances qui ont esté commizes par ceux du bourg d'Escouchay (Ecouché) contre les soldats de la compaignie dud. cappitaine Bidon. Vous savez combien telle charge est de mauvais exemple.

Me recommandant à voz bonnes graces et priant Dieu, Monsieur de Longaunay, vous avoir en sa garde.

De Paris, le XXVe novembre 1585.

Votre entier et plus parfait amy.

Signature, Amiral DE JOYEUSE, *autographe*.

E (bis)

8 Juin 1586.

L'Amiral de Joyeuse à Longaunay.

(Bibliothèque Nationale. Manuscrits. Fonds Français. Nouvelles Acquisitions, 6.646, n° 223).

Monsieur, ayant le Roy ordonné la compagnie du cappitaine Bidon pour servir en l'armée de Rouergue, dont il a pleu à Sa Majesté me donner le commandement, il s'en va par dellà pour la retirer de sa garnison et la conduire au rendez-vous que je luy ay donné. C'est pourquoy je vous fais la présente pour luy permaître de la sortir de Saint-Lo, et pour vous pryer de faire pourvoir à la garde de la place, en attendant que le sieur de Bonfoisse (*sic*) auquel le Roy en a donné la cappitainerie puisse estre par dellà pour en avoir soing. A quoy m'assurant que vous scaurez fort bien donner l'ordre requis, en conséquence je ne vous feray la présente plus longue que pour me recommander à vous, pryant Dieu qu'il vous donne, Monsieur, une parfaite santé, heureuse et longue vie.

A Paris, VIII° juin 1586. Vostre plus affectionné à vous servir.

Signature : Amiral DE JOYEUSE, *autographe.*

F

10 Août 1593.

Quittance donnée par le maréchal de Matignon, d'un quartier de sa solde de capitaine et gouverneur de Saint-Lo.

(Archives Nationales. K. 105, n° 29).

Nous Jacques de Mathignon, mareschal de France, cappitaine et gouverneur pour le Roy, de la ville de Saint-Lo, confessons avoir eu et receu comptant de M° Estienne Regnault, conseiller du dit Seigneur, et trésorier de l'extraordinaire de ses guerres, la somme de cent escus sol. (1), à nous ordonnée pour nostre estat et appoinctement de cappitaine et gouverneur sus dict durant trois mois de la présente année composez de XXXV jours chacun commencez le seiziesme jour d'avril et finis le dernier juillet ensuivant qui est à raison de XXXIII livres tournoys pour chacun d'iceulz, de laquelle somme de cent escus tournois nous tenons pour content et en quictons le dict sieur Regnault, trésorier général susdict et tous autres.

En tesmoing de quoy nous avons signé la présente de nostre main et icelle fait cachetter du cachet de noz armes, le dixiesme jour d'aoust mil cinq cents quatre vingts treize.

Signature : Jacques DE MATIGNON. *Cachet effacé.*

Au dos : Pour servir de quittance à messire Estienne Regnault, conseiller du Roy et trésorier général de l'extraor-

---

(1) Au soleil, monnaie du temps.

dinaire de ses guerres, de la somme de cent escus sol. (*sil*) pour mon estat de cappitaine de Saint-Lo, durant trois moys comprenant trente cinq jours chacun commencez le XVIe jour d'avril et finissant le dernier jour de juillet de la présente année mil Vc IIII xx treize.

G

23 novembre 1702.

Certificat délivré par Luc-François Du Chemin, sieur de La Tour.

(Bibliothèque Nationale. Manuscrits. Cabinet des Titres. Fonds Français, 27.215. Pièces originales, 731. Dossier 16.676, no 3).

Nous Luc-François Du Chemin, écuyer, sieur de La Tour, conseiller du Roy, maire et colonel perpétuel de la ville de Saint-Lo,

Attestons à tous qu'il appartiendra que... de Chantelou, fils Claude, tenant hôtellerie de la Place-Royale, en cette ville, est actuellement lieutenant du détachement de la bourgeoisie de la dite ville, en conséquence de la commission qui lui en a été expédiée par Monsieur de Matignon, et qu'il en fait même les fonctions toutes les fois que les ordres du Roy le requièrent.

En foy de quoi, nous avons signé le présent et apposé le cachet de nos armes.

Fait en notre hôtel, au dit Saint-Lo, le vingt-troisième de novembre 1702.

Signature : DE LA TOUR.

Cachet de cire rouge, dont une partie seule subsiste.

LISTE

DES

CAPITAINES ET GOUVERNEURS DU CHATEAU DE SAINT-LO (1)

(1) La pagination des nᵒˢ 1, 4, 5, 8, 9, 14, 15, 16, 17, 18, correspond au T. XIX des *Mémoires* de la Société.